ヤンチャ大家が教える

「最ボロ戸建て強」投資術

ふかぽん（a.k.a. ボロ戸建てKING）

はじめに

この本を手にとってくださって、ありがとうございます。まず、自己紹介をします。ふかぽんa.k.a.ボロ戸建てKINGです。ボロ戸建て専門の不動産投資家として、ローンを組まず現金で安い戸建てを買い、DIYで安く直して貸し出す手法で、資産を増やしてきました。現在は25軒の物件を所有し、年間1000万円以上の家賃収入を得ています。

現金買いのボロ戸建て投資は、とてもシンプルなので、やる気さえあれば誰でも挑戦できます。今まで投資とは縁のなかった人でも、学ぶ姿勢さえあれば短期間でコツがつかめ、速いスピードで裕福になれます。実際にぼくは、会社勤めをしながら27歳のときにボロ戸建て投資を始め、2年半で当時の給料を超えるほどの家賃収入を得て、その後、会社員を卒業しています。30歳で誰にも縛られない、完全に自由な生活を手に入れたのです。

ぼくが育った家庭は、裕福ではありませんでした。母親と2人で借家暮らし。隣のお屋敷には大家さん親子が住んでおり、遊びに行くと、カラフルで立派な木製のおもちゃが部屋中にゴロゴロ置いてありました。それまでそんなにたくさんのおもちゃを買ってもらったことのなかったぼくは、衝撃を受けました。大家さんの子どもとぼくとの「格差」を感じ、「大人になったら絶対にお金持ちになって、あっち側に行ってやる」と、決心したのを今でも鮮明に覚えています。

大学生になると、稼げる男はカッコいいという美意識のもと、アメ車屋さんの他、4つのアルバイトを掛け持ちして、月の合計収入が30万円を超えたときもあり、ちょっとしたお父さんくらい稼いでいた時期もありました。ですが、すぐに気づきました。このコースじゃお金持ちになるのは無理だ。先輩、上司を見ても誰もお金持ちはいない。時間を切り売りしても、稼げる金額には限界がある。お金持ちになるには他の方法が必要だ。では、それは何なのかと考えるようになりました。

そう思っていたところに出会ったのが、『金持ち父さん　貧乏父さん』（ロバート・キヨサキ著／筑摩書房刊）という世界的に有名な投資本でした。不動産投資を知ったのは、この本がきっかけです。

『金持ち父さん～』には、セールススキルを上げろと書いてありました。すなわち営業力を鍛えろということです。当時のぼくはお金持ちになるために、「不動産投資」「株」「ビジネス」という3つの分野のいずれかを極めようと思っていました。いずれにせよ、成功するにはすべてにおいて営業力は必須だろう。そう考えたぼくは、セールスのなかでも難しいとされるテレアポのアルバイトに励むなど、お金持ちになるための準備を少しずつ始めていきました。

やがてぼくは、目標を不動産投資一本に絞りました。物件を持っているなんて、単純にカッコいいし、大家になって「これ、俺の物件なんだぜ」と友達に自慢したかった。またローンを利用することで、自己資金が少なくても参入できるという点も、当時のぼくにとっては魅力的でした。もっとも、株は仕組みがよくわからないし、ビジネスをやったら部下に厳しく当たりまくるパワハラ社長になりそうで、オラオラ系のぼくには合っていない、という思いもありましたが……。

大学を卒業すると、生粋のクルマ好きだったこともあり、東証一部上場の中古車販売企業に入りました。額の大きい商材の取り扱いに慣れておいて、不動産投資の肥やしになればいいと考えました。ところが、ここがとんだブラック企業。残業続きで家には帰れないし、幸せな未来が奪われてしまうという危機感から、ちぎったノートに「退職届」とだけ書いて、2カ月で辞めました。現在でもとてもいい判断だったと思います。早めの損切りは超大事です。

転職した先は、不動産業者です。約3年ほど勤めましたが、不動産投資家として、この期間に得たノウハウは一生の宝物です。本章で詳しく解説しているボロ戸建て投資のメソッドの多くは、不動産業者時代の経験を踏まえ、そこをベースに編み出したものです。

3年間で不動産にまつわる知識をくまなく吸収した後は、大手の運送会社に転職しました。この時点ではまだ、ローンを組んで不動産を買い進めていこうと思っていたので、大手企業の社員なら、ローンの審査に通りやすいと思ったのです。またこの会社は、休憩時間が長く、夜勤もあったので、平日であっても不動産投資に時間を割ける、というのも魅力でした。

こういうわけですから、ぼくは最初からボロ戸建て投資専門でやっていこうとは考えていませんでした。ローンを組んで何千万円の物件を買うより、失敗してもやり直しがきくような、安い物件で始めようと思っただけです。リフォームの心得はないけど、規模の大きい夏休みの工作だと思えば楽勝でしょ！　そんな気持ちでぼくは始めました。

そこからの快進撃は最初に書いたとおりです。「為せば成る」。これはぼくの好きな言葉です。「ボロ戸建て投資で人生を変えたい」という人にとって、本書が希望の書となってくれれば、著者としてこんなにうれしいことはありません。

サラリーマンとボロ戸建て大家を兼業していた2年半は、寝る間も削って働いていました。高校2年生で付き合い始めて以来、あの苦しい時期も含めてずっと支えてくれている妻には、深く感謝しています。この場を借りてお礼を言います。ありがとう。

目次

👑第2章 BUY～惚れてはダメ！物件はあくまで「投資商品」……35

第3章 REPAIR～ やりすぎ厳禁！ リフォームは80％で十分 ……71

第4章 RENT～申し込み、契約、入金はすべて同時に行う……117

第5章 REPEAT〜 複利効果を享受して念願の専業大家に

第1章

ボロ戸建てで稼ぐための準備とマインド

1 3万円以上で貸せるボロ戸建て投資は誰でも勝てるイージーゲーム

ぼくが手掛ける不動産投資は、きわめてシンプルです。特別な才能は要りません。安く売りに出されているボロ戸建てを買って、安く修繕して、安く貸し出すだけです。他の投資に比べて圧倒的に損をするリスクが小さく、やり方さえ理解すれば誰もが成功をつかめるイージーゲームと言えます。

ここで言う「ボロ戸建て」というのは、おおむね築年数30年以上の一軒家のことを指します。もっとも、ここまで古くなってくると、築年数は情報としてほとんど意味がないので、ぼくが買い付ける際は、まったく気にしません。床が腐っていたり、外壁が剥がれ落ちている物件もザラ。天井に穴が開き、雨漏りし放題のシロモノもあります。

ここで皆さん疑問に思うでしょう。ゴミ同然の戸建て物件なんて、そもそも商品として成立しないのではないかと。安心してください。大丈夫です。貸せます。しかも、どんなボロ戸建てでもだいたい3万円以上の価格で貸し出せます。なぜなら家賃相場には底値があり、どんなに状態の悪い物件であっても、底値に近い価格で募集をかければ、必ずと言っていいほどお客さまは付きます。

家賃に底値がある理由を説明します。

ほとんどの大家さんは、物件を所有することにともない発生する固定資産税や、物件を購入する際に利用した融資の月々の返済額、建物の修繕コストなどを踏まえて家賃を設定します。エリアにもよりますが、地方であればこれらの物件を維持・管理するためにかかる費用は、マンションの一室であればおよそ月に2万円、戸建てであれば3万円ほどです。つまり、家賃がこのラインを下回ると、貸主側はほとんど利益が得られません。

このような事情から、いま出回っている一戸建ての家賃が3万円を下回るケースは滅多にないのです。では、こうした事実をベースに、ボロ戸建て投資の利回りを考えてみましょう。

不動産投資においては、よく「表面利回り」という言葉が使われますが、これは年間の家賃収入を物件の購入価格で単純に割っただけ。ボロ戸建て投資においては、物件価格に対してリフォーム代などの諸経費の比率が高いので、「実質利回り」を考える必要があります。複雑そうに書いてしまいましたが、次の計算式を見ればわかりやすいです。

実質利回り＝（「年間家賃収入」－「年間経費」）÷物件の購入価格×100

※年間経費には、固定資産税などの諸税、リフォーム費用を含みます。

通常の不動産投資の場合、たとえば２０００万円の戸建て物件を購入し、10万円の家賃で貸し出し、年間経費が12万円ほどと想定すると、実質利回りは５・４％となります。

一方、50万円で購入したボロ戸建てを、底値に近い３万５０００円で貸し出すケースをシミュレーションしてみましょう。この場合、１年目のリフォーム費用と物件の維持にかかるコストを合わせて年間30万円と仮定すると、実質利回りは24％です。そしてリフォーム代が大きくかかるのは１年目だけですから、翌年以降は負担は減ります。

どうでしょうか。ボロ戸建て投資は、通常の不動産投資に比べて、圧倒的に割がいいのがわかると思います。

しかもここで挙げた例はかなり悲観的に見積もった数字です。少し工夫をすれば、より安い価格で物件を購入し、底値よりも高い価格で客付けができるようになり、リフォーム費用はＤＩＹを覚えることによっていくらでも低く抑えられるため、当然のことながら、その分の利回りはアップします。

一般的な不動産投資の場合、そもそも物件の購入費用が割高であるため、投資コストを回収するには、家賃をできるだけ高く設定しつつ、客付けも抜かりなく行う必要があり、綿密な戦略が必要です。

ボロ戸建て投資の場合は、物件の購入費用が圧倒的に安く、投資コストを回収するのに時間がかかりません。また、客付けに苦戦しても、最悪、家賃を底値（3万円）近くに落とせば、ほぼ確実に決まります。また、とりあえず年間経費を減らすことに専念すれば、利回りはぐんぐん上がっていくので、込み入った投資戦略を考える必要もありません。

万が一失敗しても、コスト的には「中古車一台を事故で失った」のと変わりませんから、心理的なダメージも少なくて済みます。

これらの点を踏まえて、もう一度言います。ボロ戸建て投資は、誰でもすぐに始められて、高い確率で成功を手にできる、イージーゲームなのです。

2 あなたが住みたい家の基準で買う必要はない

ボロ戸建て投資に向き合うにあたり、必ず意識してほしいマインドについて説明します。ぼくは不動産業界で3年ほどサラリーマンとして働いた経験がありますが、そこで体感したのは「日本人は本当に新築が大好きだな」ということでした。

たとえば、アメリカやイギリスの住宅市場では、流通している物件のおよそ8割が中古住宅です。日本ではこの正反対で、新築住宅のほうがだんぜん需要があります。2018年に行われた総務省の調査によると、全住宅流通量における中古住宅の割合は、たったの14・5%。欧米諸国に比べて日本では圧倒的に、中古よりも新築のほうが好まれていることがわかると思います。

この数字だけを見ると、これからボロ戸建て投資にチャレンジしようとする皆さんにとって不利に感じるかもしれませんが、そうではありません。新築好きな日本人にとっては、築年数が10年以上経ってしまうと、すべてまとめて「築古」のカテゴリーに入ります。

ということは、何が起きるでしょうか。極端な例ですが、ちょっと新しい５００万円の物件と、古い１００万円の物件があるとします。そこに住もうとする日本人にとって両者の印象は、ほぼ変わらないということです。そして得られる家賃もそんなに大差はありません。だったら１００万円の物件を買って貸し出すほうが賢いでしょう。

ここでマジメな皆さんは疑問に思うでしょう。「１００万円の物件なんてダメ物件じゃないの？　本当に人に貸し出していいの？」と。大丈夫です。どんなダメ物件を買っても、安くすれば借り手はつきます。不動産業界で働くなかで、「ここに？　ほんとに？　住むの？マジかよ……」という案件を、ぼくはこれまでたくさん見てきました。

つまり、ボロ物件を選定するときに勘違いしないでほしいのですが、その物件に住むのは皆さんではありません。家賃3万円のボロ物件に住む人には、別の価値観があります。

ぼくは不動産業界で働いていた当時、家賃20万円の高級住宅から3万円のオンボロ屋敷まで、さまざまな価格帯の不動産を客付けしてきました。その経験から、価格帯によって客層が違うことを思い知りました。

衝撃的だったエピソードをご紹介します。

格安物件を探しているお客さまの熱い要望を受け、「さすがに断られるだろう」と思いながらも、ダメ元で雨漏り物件を内覧に連れて行ったことがあります。

玄関のドアを開けると、雨漏り物件特有のじめっとした空気と悪臭が室内に立ちこめています。ぼくは室内に入りたくなかったので、お客さまが内覧している間は外で待機していたのですが、しばらく経ってお客さまが出てくると、満足げな様子でポロッと「きれいですね」って言ったんです。

「信じられない。こんな人がいるのか」と思って、それから考え方が変わりました。この人たちが見ている世界と、ぼくが見ている世界は違う。自分がきれいだと思っているものでも、他の人から見れば汚いかもしれないし、自分が汚いと思っているものであっても、見る人が見ればきれいなのかもしれないということです。

他方で、高価格帯の物件を探している人はかっちりしている人が多く、応対に神経を使います。不動産会社で働いていた当時、駅近の家賃20万円の戸建て物件を中小企業の社長に貸し出したことがあるのですが、その社長さんへの応対には気を遣いました。

「賃貸契約までのスケジュールを全部出してくれ」と言われたり、内覧の際には室内にあるコンセントの数を逐一チェックしたり、とにかく要求が細かくて確認事項が多い。

物件を借りる側からすれば高いお金を払って契約するのだから、不動産業者や貸主にベストな対応を求めるのは当然です。また、貸し出す側も大口契約をモノにするために、借り手の希望を叶えようとできる限り尽力するでしょう。

しかし、ボロ戸建て投資においては、話が異なります。底値に近い家賃で物件を探している人たちにとっては、貸主側のサービスがいいかわるいかは重要でなく、物件の細かい欠陥にすら無頓着であることがほとんど。もちろん大切なお客さまであることに変わりはないので、応対に際し最低限のホスピタリティは大事ですが、過度に丁寧な対応は必要ないということです。この点でもボロ戸建て投資は、不動産についての知識の浅い初心者でも、気軽にトライしやすい分野だと言えるでしょう。

ボロ戸建て投資を始めるのに大切なマインドの一つが、自分の常識でお客さまを測らないことです。「物件やサービスの価値を決めるのは自分ではなく、いつだってお客さま」。この言葉を常に心にとどめておいてください。

3 タネ銭は不動産投資を始める上での「免許」

あらゆる投資と同じく、ボロ戸建て投資も、「タネ銭」（自己資金）は絶対に必要です。公道でクルマを走らせるには運転免許が要りますが、タネ銭とは、ボロ戸建て投資を始めるための「免許」とも言えます。それほど自己資金は大事なのです。

これまで不動産業界とは縁もゆかりもなかったズブの素人が、ボロ戸建て投資を始めるに際し、まずはいくら貯めればいいのか。このような質問を受ける機会は多いのですが、ぼくは「初心者がボロ戸建て投資を始める場合は、まず４００万円ほどのタネ銭を用意してください」と説明しています。金融機関の融資には頼りません（１６７ページ参照）。

ボロ戸建て投資なのに、どうしてそんなにお金が要るのか。それは、この投資のキモが、高い利回りをすべて次の物件購入にあてて短期間に多数のボロ戸建てを所有し、その結果としてまとまった家賃収入を得ることにあるからです。

１５８ページに詳しく書いていますが、ボロ戸建て投資において、だいたい5軒目以降は、家が家を買ってくれるような資金繰り状態になります。しかし、そこに到達するまでは自己資金で回さないといけません。それが４００万円ということです。

これだけの自己資金があれば、１００万円のボロ物件を買い付けて、修繕して貸し出すまでのサイクルを、３回できます。３軒の物件を所有して貸し出せば、最低でも月に10万円の家賃収入が得られますから、投資に回せるお金もそのぶん増えることになります。

ぼくは今まで何人もの大家さんを反面教師にしてきました。彼らを見ていると、物件を１軒仕上げてから次のステップに進むのが、まあ遅い。なぜ遅いのかはＳＮＳを見ているとわかります。彼らの投稿で目につくのは「どこそこに遊びに行きました」といったものばかり。そういう人に限って、何年もかけてＤＩＹで物件を修繕していたり、何年経っても客付けができていなかったりする。

ぼくは彼らを見るたびに、「投資に全集中して、成功を手にした後に好きなだけ遊べばいいじゃん」と思ってしまいます。ボロ戸建て投資は1軒貸したらそれで終わりではないのです。何度も同じことを繰り返しながら、買うスキル、直すスキル、貸すスキルを上げていくなかで手元に残るお金を増やしていく投資手法なのです。

正直な話、これまでたくさんのボロ戸建てを購入し、客付けに成功してきた現在のぼくが、イチからボロ戸建て投資を始めると仮定した場合、400万円のタネ銭は必要ありません。その半分以下で十分でしょう。でもそれは、物件を安く買いつけるスキルや、より安く、より早く、物件を修繕するスキルがあってこそ。経験のない素人がボロ戸建て投資を始めるのであれば、まずはお金の力に頼るのが賢明です。タネ銭によって経験不足を補い、経験を積むなかでお金のかからない不動産投資ができるようになるというわけです。

したがって、「早いところサラリーマン生活から足を洗って、家賃収入だけで食べていきたい」と考えている人は、その熱意をタネ銭としてしっかり形にしてください。そして、その目安として400万円を念頭に置いてください。

さて、読者の中には400万円もの大金はおいそれと用意できない、と嘆いている人がいるかもしれません。残念ながら、そういう人はボロ戸建て投資にチャレンジする資格はありません。「どうすれば貯金ができますか？」という質問をよくされますが、逆に「そもそも、どうして今まで貯金をしてこなかったの？」と聞き返したくなります。

ぼくは根っからの貯金体質なので、お金を貯めようと強く意識したことはありません。小学生の頃からあたかも呼吸するように貯金をしてきました。こういう考え方をしている人であれば、意識しなくても貯金はできているものだし、ボロ戸建て投資を始めるのに必要なタネ銭もすぐに用意できるでしょう。

一方で、タネ銭もろくに用意できない人は、このような〝貯金脳〟が身についていないので、家賃が入ってきてもすぐに使ってしまうに違いありません。ボロ戸建て投資の初期では、入ってくる家賃は次の物件を買うためのお金であって、あなたの遊びや生活に使ってはいけないのです。

このようにいろいろな意味で、タネ銭はボロ戸建て投資の「免許」なのです。免許のない状態でクルマを運転したってすぐに事故りますよね。「400万円をタネ銭として用意してください」と言われた時点で抵抗を感じる人は、この本を閉じてくれて構いません。……と言いたいところですが、ぼくはそこまで鬼じゃありません。61ページでは、タネ銭が400万円に満たない人でもエントリーできる方法に触れていますので、そちらを参考にしてください。

4 トラッシュをキャッシュに換える BRRRの法則

ボロ戸建て投資とは、「住める状態じゃないボロボロの物件を、きれいに直し、貸し出して家賃をいただくこと」で成り立ちます。それをぼく流に、オブラートに包まずに言い表すと「トラッシュ（ゴミ）をキャッシュ（金）に換える」ということになります。誰からも見向きもされないゴミ物件を、いかにしてお金に換えるか。ぼくはトラッシュがキャッシュになるまでの一連の流れを、「BRRRの法則」というかたちでスキーム化しています。

「B」＝BUY（買う）
「R」＝REPAIR（直す）
「R」＝RENT（貸す）
「R」＝REPEAT（繰り返す）

ちなみにこのフレーズは、ミュージシャンである、ファットボーイ・スリムが2014年に発表した「Eat, Sleep, Rave, Repeat」という楽曲が発想源となっています。食べて、寝て、野外パーティ、それらを繰り返す。これを文字ってみたのです。我ながら耳なじみがよく、キャッチーで覚えやすい、いいフレーズだと思います。

話を戻します。「BRRRの法則」を順番どおりに行うことによって、ゴミ同然のボロ戸建てはお金を生み出すキャッシュマシーンとなります。

まず最初の「B」は「BUY」、つまり物件の買い付けを意味します。詳しくは後述しますが、このフェーズではとにかく安く物件を仕入れることが大事になってきます。

次は「REPAIR」です。このフェーズでは物件の修繕を行います。実はこの項目だけは、飛ばして進むことができます。ボロ戸建て投資を長く続けていると、壁がボロボロだろうが、屋根に穴が開いていようがお構いなしで賃貸契約を希望するお客さまに出くわします。「本当にそんな人いるの?」と思われるかもしれませんが、本当にいます。もっと言うと、屋根のない物件に契約を希望なさったお客さまに対して、「やめたほうがいいですよ」と進言したこともあるくらいです。

もしもこのようなお客さまに巡り合えた場合は、「REPAIR」の項目は飛ばせます。しかし、留意してほしいのはあくまでもこれはラッキーケースだということ。運よく1軒目の物件を、壁に大きな穴が開いている状態のまま、リフォームなしで貸し出せたとしても、最初の入居者さんが退去した後、穴が開いた状態で返ってくることを忘れてはいけません。2軒目以降も同じようにリフォームなしで客付けできる保証はありません。したがって、初心者は初めのうちに「REPAIR」をたくさん経験しておくべきです。そこで馴れてしまえば、後々ラクに仕事が進められるでしょう。とはいえ、リフォームは原則「やりすぎ注意」なので、それを忘れないこと。詳細は第3章で説明します。

「REPAIR」の次は「RENT」。物件の貸し出しです。たとえば「BUY」が苦手で、200万~300万円という高値でしか物件の買い付けができない場合でも、「RENT」が得意であれば多少は挽回できます。営業が上手で、物件を高く貸し出す技術に長けていれば、買い付けが下手で、安く物件を購入できなくても、利回りは改善できるのです。ただ、初心者のうちは、自分の得意分野も不得意分野もわからないでしょうから、本書で説明する内容をしっかり踏まえて、すべての項目で基礎体力をつけておいてください。経験を積んだ後にあなたならではのやり方を見つければいいのです。

最後の項目である「REPEAT」は、これらの項目をひたすら繰り返すことを意味しています。1軒の物件を買って、直して、貸し出したからといって、一発屋で終わってはダメです。ぼくはこれまで1軒目で手を止めてしまった人を何人も見てきました。何度も言いますが、ボロ戸建てを1軒買って貸し出したところで、得られる家賃はわずかなもの。あなたがサラリーマンを卒業して、人生を自分のものにするには、まったく足りません。ボロ戸建て投資が自分に合う合わないもあると思いますが、第5章では一発屋にならないために大切なことを説明しますので、めげずに読み通してください。

以上が「ＢＲＲＲの法則」の概要です。ぼくがこの法則を意識し始めたのは、ボロ戸建て投資を始めてしばらく経った後、脱サラして専業大家になってからでした。それまでは無意識のうちに「ＢＲＲＲの法則」を実践していたのですが、専業大家になって以降、講演などで自分の投資法を人に伝える機会を重ねるなかで、言語化できたのだと思います。これはボロ戸建て投資の基本的な枠組みとなるので、頭に叩きこんでください。

ふかぽんデビュー戦は、2DK、庭つき、浄化槽、茨城県の200万円平屋

ぼくの記念すべき1軒目は茨城県古河市の物件でした。図面資料に記載されていた情報は次のとおりです。

- **2DK（洋室6畳・和室6畳）**
- **価格：220万円**
- **内・外装リフォーム済み**
- **築年数：33年（2016年当時）**
- **公営水道・プロパンガス・浄化槽・水洗トイレ**

現在のぼくの物件購入の基準からすれば、価格は相当高めですが、公営水道が備わっており、水洗トイレである点に魅力を感じました。また、「内・外装リフォーム済み」というキャッチコピーにも惹かれました。当時はリフォームの知識がまったくなかったので、なるべく修繕の負担が少なくて済みそうな物件を探していたのです。

電話で問い合わせて現地に行くと、他に2組、内覧者がいることがわかりました。買うためには、競合を出し抜かなければいけない。ドキドキしながら内覧しました。

この価格帯だと、ドン引きするほど汚い物件が多いなか、室内はかなりきれいでした。さすがに「内・外装リフォーム済み」と謳っているだけあります。キッチン、トイレ、洗面台、風呂の水まわり４カ所も驚くほどきれいに整備されていました。キッチンやトイレに関しては、ほぼ新品でしたし、お風呂もピカピカのユニットバスでした。

案内してくれたのは、不動産会社のおじいちゃん社長。売り主に委託されて案内しているわけではなく、この物件の直接の売り主でもありました。ぼくは、いわゆる「おじいちゃんっ子」だったので、年配男性の懐に入りこむのが得意です。このときは不動産投資家として成功する夢をアツく語り、共感していただけるように励みました。

熱意が伝わったのか、売り主さんは「君に買ってほしい。売値は２２０万円だが、２００万円でどうか？」と提案してくれました。不動産投資のスタートにはピッタリの比較的きれいな物件。自宅から通いやすい距離。仲介手数料なしで、なおかつ20万円引き。もう、最高すぎます。

しかし、これだけの好条件が揃っているのに、ぼくは即決できませんでした。不動産は金額が大きく、ひとつのミスが命取りになるぞと弱気な自分が顔を出し、決断を鈍らせたのです。そして、「一度持ち帰らせてください」と丁寧にお断りして、帰路につきました。

運転中の車内で、しばらく自問自答しました。30～40分ほど考えたでしょうか。これを買わないとスタートなんてできないぞ、と自分に言い聞かせてようやく腹をくくり、途中で車を停め、電話で買い付けを入れました。

その後、他の内覧者2組もぼくに続いて、220万円で買い付けを入れたそうですが、売り主さんはぼくを優先してくれました。他からは満額の声がかかっているのに、順番を守ってくれた売り主さんには感謝しています。本当に幸運でした。

内装は比較的きれいでしたが、壁面は若干汚れが目立ったため、買い付けを入れるとさっそくリフォームに着手しました。まったくの未経験だったので、壁をきれいにするにしても、どのようなアプローチをとればいいのか、試行錯誤です。

3軒目のリフォームに着手するあたりから、壁の修繕には、壁紙を直に貼るのが、最も効率的であることに気づきます。しかしこのときはそんなことを知りません。とにかく白くすることを第一に考え、壁一面を白いペンキで塗りました。足元をペンキまみれにしながら、

100円ショップで買ったローラーでの作業でした。

買い付けにあたり、思わぬラッキーに恵まれたぼくのデビュー戦ですが、客付けでも幸運は続きます。入居希望者がすぐに現れ、しかも年払い契約を結ぶことができたのです。その上、「契約から10ヶ月後にさらに次年度分を納める」という破格の条件でした。つまり契約時に70万円、その10カ月後に70万円が入ってきました。こうしてぼくは、不動産投資を始めて1年も経たずに、投下資本のおよそ70％を回収できたのです。

以上がデビュー戦の一部始終です。予期せぬツキにも恵まれて、1軒目のスタートダッシュは、ぼくの投資人生の大きな起爆剤になりました。

記念すべき１軒目の物件

第2章

BUY～
惚れてはダメ！
物件はあくまで
「投資商品」

1 いい物件が出たら即日会社を休んで見に行こう

何はなくとも、物件がなければボロ戸建て投資は始まりません。この章では、物件の買い付けの詳しい手順や方法をご紹介していきます。

まず、ぼくたちボロ戸建て投資家が狙うべき物件を定義します。次の条件を満たす物件、あるいはそれに近い物件を見つけたら、必ず反応するようにしてください。

関東圏。価格は100万円以下。上下水道完備。駐車場あり

ぼくの経験上、上下水道が完備されている物件は、キッチンやトイレを始め、水まわりが比較的きれいに保たれており、修繕に手がかからないものがほとんどです。それに、駐車場が付いているなら、客付けには苦労しません。日本全体では人口が減少しているご時世ですが、関東に限ればまだ賃貸住宅のニーズは底堅く、4万円以上で貸し出せるでしょう。そんな物件が100万円以下で売りに出されていたら、まさに絶好球。ぼくの体感で言うと、2000~3000軒に1軒の割合でしょうか。

読者の中には「上下水道以外の部分で何かしらの欠陥があるからこそ、相場よりも安く売りに出されているのではないか？」と感じる人もいるでしょう。ボロ戸建て投資は、その欠陥にどう対処するかが重要で、そこは第3章でしっかり説明していきます。ただ、忘れていけないのは、中古住宅市場には、通常なら500万円以上の値がついてもおかしくない物件が、100万円以下で売りに出される値付けミスが、ごくまれに見受けられること。ぼくたちがまっ先に狙うべきなのは、このような物件です。

よく「不動産には掘り出し物は存在しない」などと、わけ知り顔で語る業界通の記事をネットなどで見かけますが、そんなことを言っている人は、不動産投資のことをわかっていないパンピーなので、彼らの言葉は真に受けないでください。

このような値付けミスは、売り主が相場を知らなかったり、「どうせもう家族は住まないし、要らないからさっさと処分したい」といった投げやりなスタンスによって発生することがほとんどです。

こうした絶好球を見つけたら、会社を休んででも内覧に駆けつけ、問題がなければ即、買い入れるべきです。野球にたとえると、目の前に叩けばホームラン必至の絶好球が投じられた状態です。打たなければ、非常にもったいない。

経験を積めば内覧に行かずとも、ノールックで物件を買い付けられるようになりますが、気になる物件があったら、初心者は急いで内覧に行って、物件を直接見てください。間違っても、「次の土日に見に行けばいいや」という考え方ではダメです。

当たり前ですが、絶好球に目を光らせているのは自分だけではなく、他の大家も同じだからです。「時間がとれたタイミングで内覧に行こう」だなんてのんきなことを言ってるうちに、ライバルに先を越されてあっという間にゲームオーバーです。

内覧は休日よりも平日のほうがライバルが少ないので、断然おすすめです。平日休みの会社に勤務していれば、買い付けを有利に進められるでしょう。夜勤のある仕事に就いている人は、平日の昼間に動けるので、寝る間を惜しんで絶好球を打ちに行ってください。

ぼくがサラリーマン大家だった頃は、いい物件を見つけたら、ありとあらゆる理由を駆使して会社を休み、物件を見に行っていました。あるときは「歯が痛い」とか、またあるときは「結婚式」、あるいは「忌引」、「ヘルニア」だとか、ほとんど似たような理由でしたが。そしてもちろん有給休暇も抜かりなく消化してください。

有給休暇をフルに活用していると、職場の上司や同僚から白い目で見られるかもしれません。ですが近い将来、大家として独立して会社を辞めると決心しているのであれば、周囲からなんと思われようと関係ありません。どんなに居心地が悪かろうと、5、6年の辛抱です。

目的を達成するためには、手段を選ぶ必要はありません。サラリーマンをしていても経済的自由は得られませんが、ボロ戸建て投資は経済的自由を得られます。それに加え、サラリーを5万円アップさせるのと、5万円の家賃収入を得るのでは、後者のほうがはるかに簡単です。どちらに張り合いがあるかは、明白でしょう。

大家として独立するためにぼくが寝る間も惜しんで頑張っていることは、同僚や上司にも言っていたのでみんな知っていました。なので、みんなを巻き込んで、助けてもらいました。寝不足でふらふらのぼくをサポートしてくれた同僚もいました。日程をうまく調整してくれた上司もいました。当時の上司や同僚には、感謝してもしきれません。

2 一般不動産サイトで「価格と地域」だけで物件検索

前のページで説明したとおり、ボロ戸建て投資における絶好球はそうたくさん出回っているわけではなく、四六時中目を光らせていない限り、なかなか見つけられません。

物件情報には常にアンテナを張ってください。手がすいたときにSNSに目を向ける時間、スマホゲームにうつつを抜かす時間、それらをすべて物件検索に充ててください。そして呼吸をするように物件情報をチェックするのです。ぼくの場合ですと、物件を探している「買いの時期」には、毎日2時間くらいサイトを見ています。

ひと口に物件情報サイトと言ってもさまざまなものがあります。各サイトにはそれぞれ一長一短があり、投資家のタイプによって好みが分かれますが、初心者におすすめのサイトとなると、いくつかに絞られてきます。

平日は本業で忙殺されており、不動産投資の活動は土日がメインになってしまうタイプの人には、「不動産ジャパン」というサイトがいいでしょう。このサイト、とにかく見づらいのが特徴。写真がまったく載っていない物件があったり、情報が少なかったり、サイトの作りが古めかしくて見づらいのです。

そんなサイトがなぜいいのか。使いづらいサイトだからこそ見る人が少ないので、掘り出し物にありつける確率が高いからです。多忙なサラリーマン大家は、専業大家と買い付けのスピード勝負をしても絶対に勝てないので、参入障壁が高く、ライバルの少ない「不動産ジャパン」でお値打ち物件を狙うのが得策だというわけです。他方で、時間に余裕があり、買い付けのスピード勝負に自信がある人は、「アットホーム」や「ホームズ」といった登録物件数の多い大手サイトをチェックしましょう。

また、「OCN不動産」というサイトは、「アットホーム」「ホームズ」「SUUMO」といった主要な物件サイトの情報をまとめて検索できるので、非常に便利です。ただし、一次媒体が発信した情報を拾って掲載するという性質上、掘り出し物に出合える確率はそのぶん低くなります。本当にいい物件は一次媒体が情報を流した時点で、目利きによって買い付けられてしまうケースがほとんどだからです。とはいえ、「OCN不動産」に常日ごろから目を通すことによって、各地域の相場感覚が把握できるようになりますし、絶好球を見分ける力が養われるので、初心者は要チェックです。

ちなみに「みんなの0円物件」や「Ｓｕｍａｉ空き家」をはじめとした、格安物件をメインに紹介しているサイトもありますが、初心者にはあまりおすすめできません。なぜなら、ライバルが多すぎて、買い付けに成功する可能性がきわめて低いからです。

ぼくはほとんど問い合わせをしたことはありませんが、以前、ある格安物件サイト経由で0円物件に問い合わせを入れて、高齢の売り主さんと直接交渉できることになりました。しかし、他にもたくさん問い合わせがあるらしく、「買付金額優先ですか？　スピード優先ですか？」と聞いたら、最終的には「いろいろ加味して決める」と曖昧なことを言われました。ぼくは勝つ確率の低い試合は好きではありませんから、こういうのはパスです。

不動産売買は、基本的に先に手を挙げた人が契約を進めていくものですが、0円物件はそうではないのです。たくさんの人から届いた申し込み情報に売り主が目を通し、「この人が気に入ったからぜひ」と、売り主の主導で話が動いていく。せっかく物件を探して申し込みをしても、売り主に選んでもらえなければ時間がムダになるのです。

さて、使うべきサイトはご紹介しました。では、そこでどうやって物件を探せばいいのでしょうか。ぼくが物件を検索する際の入力事項は、すごくシンプルです。「価格と地域」。この2つだけです。

まず、ボロ戸建て投資は１００万円以下の物件が対象になるので、１００万円よりも値の張る物件は視野から外してください。どの物件サイトも、「１００万円以下」という検索区分がないので、とりあえず「５００万円以下」で検索し、安い順に並び替えてスクロールしていく、というスタイルです。

次に、地域に関しては、自宅から車で通える範囲に絞ってください。ぼくは専業大家になった今は、距離も時間もあまり関係ないので気にしていませんが、サラリーマン兼業であれば、自宅から片道90分以内の物件が理想です。

なぜ自宅からの距離が大事なのかというと、ふかぽん式ボロ戸建て投資は買い付けたらそこで終わりではないからです。ほとんどの場合、大家自身によるリフォームが必要になってくるので、自宅と物件の距離が近ければ近いほど、作業に要する時間をギュッと短縮できます。リフォームにかけるお金は、道具代や材料代だけでなく作業を行う自分自身の時給も計算に入ってきますから、移動時間はなるべく短いほうがいいというわけです。

また、リフォーム完成後も、ふかぽん式は不動産管理会社を使わない自主管理がメインですから、物件に問題が起きたときは、なるべく大家が現地を見に行く必要があります。こうした面からも、遠方の物件は避けたほうがよいでしょう。

3 もう100万円以下でしか買わない！安さはすべてを癒やす

ここまで再三、「ボロ戸建て投資家は100万円以下の物件を狙え」ということをお伝えしてきました。その理由の第一は、100万円以下で物件を仕入れると利回りが圧倒的にいいから。第1章では、千万の単位の物件を取り扱う通常の不動産投資に比べて、ボロ戸建て投資は利回り水準の高さが魅力だとお伝えしました。では、実際にどのくらいの利回りを狙っていけばいいのでしょうか。

これからボロ戸建て投資に挑戦する皆さんには、ぜひ実質利回り50％を目指してほしいと思います。ボロ戸建て投資は資金を回していくことが大切であるし、ボロであるというリスクを背負ってるので、その分のリスクプレミアムは狙いたいところです。なので、投下資金を2年で回収できる実質利回り50％を、はっきり意識してください。

ただ、多少なりとも不動産投資について知識がある人は、「そんな高利回りなんて狙えない、ありえない」と思うかもしれません。それは単なる固定観念です。高利回りは、ありえます。ボロ戸建て投資はあらゆる面で、常識が通用しない世界なのです。

物件の仕入れ価格を１００万円以下に設定することで、実質利回り50％が現実味を帯びます。たとえば１００万円で物件を買って、20万円で直して、５万円で貸し出せば、初年度の実質利回りはおよそ40％。ここまでくればあとひと息です。買い付けとリフォームに力を入れて、物件購入費と修繕コストの合計を１００万円以内に収めれば、初年度の実質利回りは50％を超えます。どうですか？　これなら十分に実現可能だと思いませんか？　つまり、得られる家賃水準と、求める実質利回り50％という数字から逆算して導き出したのが、１００万円以下という物件購入ラインなのです。

ぼくは利回りにとことんこだわっています。デビュー戦の1号物件でさえ表面利回り29・4％です。一般的な基準では、これは高いでしょうが、ぼくにとっては最低の部類です。もう、恥ずかしすぎて発表したくありません。ちなみにぼくが所有する25軒の中で、最高利回りは２１０％。平均利回りは59・５％（異常値の数軒を除く）です。もちろん、初心者がいきなり50％以上の超高利回りを狙うのは難しいと思いますが、まずは利回り50％を目標として頑張ってみてください。経験を積むにつれて、日々ちゃんと考えていれば、目標とする利回りの水準を徐々に上げていけると思います。

また、ボロ戸建て投資家を目指す皆さんに、１００万円以下の物件を推奨する理由は他にもあります。物件購入価格の基準をしっかり決めておかないと、当初の方針がブレて、買うべきでない物件にまで手を出す可能性があるからです。

36ページで書いたように、「関東圏。価格は１００万円以下。上下水道完備。駐車場あり」という絶好球をモノにするには、ねばり強い努力と多少の運が必要です。

そもそも関東圏で１００万円以下の物件には、なかなか巡り合えないものです。待てど暮らせど狙っている物件にアクセスできない場合、「１００万円以下でしか買わない」と心に決めていても、多くの投資家はしびれを切らして、より高い価格の物件に手を出しがちです。

実際、２００万～３００万円のボロ戸建ては、どこの物件情報サイトをのぞいてもゴロゴロ売りに出されており、買い付けを入れるのに特別な工夫は要りません。ですが物件の購入価格が上がれば、当然利回りは下がります。10％にも満たない利回りでは裕福になるのに時間がかかりますし、せっかく高利回りに惹かれてボロ戸建て投資に参入したのに、これでは本末転倒です。

実はぼくも最初の3軒目までは、２００万円近い価格で物件を購入していました。最初は、ボロ戸建て投資における絶好球の定義すら知らなかったからです。かつては、現在の基準からしたら考えられないような高値でボロ物件を買っていたわけですが、その経験は決してムダではありませんでした。

手探り状態だった時期に得た教訓は、「物件の値段とクオリティ、価格と物件のボロ具合は必ずしも釣り合っているわけではない」ということです。つまり、建物の状態が良好な30万円の物件もあれば、逆に300万円でボロボロの物件もあります。前者を仕入れさえすれば、とりあえず負けることはないです。ぼくが「ボロ戸建て投資で儲けたいのであれば、必ず100万円以下で物件を買ってください」と説くのは、自身の経験に依拠しています。安さは絶対の正義です。

やがてリフォーム経験を積むにつれて、初めのうちは怖くて手が出せなかった物件も買えるようになります。リスキーな物件は敬遠する人も多いので、そのぶん安く売り出されているケースが大半です。そういう物件を商品化できるようになってくると、「100万円以下でしか買わない」とわざわざ心に言い聞かせなくても、ボロ物件を100万円以上かけて買うのがバカらしく思えるようになっていきます。直せる範囲が広くなっていくにつれて、取得単価が下がり、50%どころか、その倍以上の利回りが狙えるようになるのです。ここまでくれば、ボロ戸建て投資はよりイージーになります。

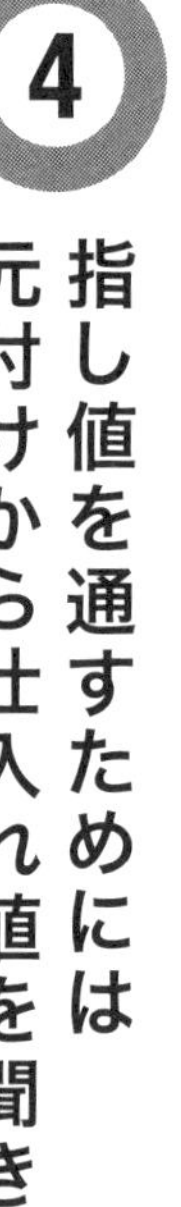

指し値を通すためには元付けから仕入れ値を聞き出せ

物件情報サイトをくまなくチェックして、目当ての物件が出てくるのを忍耐強く待つことは大切です。でも、時には待つばかりではなく、攻めることも大事です。

では、どのように攻めたらいいのか。ここでは、100万円以上の物件であっても指し値（買い手がみずから購入価格を指定する）を通して、より安く購入するためのメソッドについて説明します。

第一ステップは、めぼしい物件を見つけた場合、なるべく元付け業者と交渉することです。不動産業者は、「元付け」と「客付け」の2つに大別できます。元付け業者は、物件の売り主から買い主探しを直接依頼された不動産会社を指します。一方の客付け業者は、不動産を探している人に物件を案内し、元付け業者に紹介するのが仕事です。

それぞれの特徴は次のとおりです。

［元付け］物件の事情に詳しい。売買が成立したら売り主と買い主双方から仲介手数料を受

け取る。ボロ戸建て物件の場合は、自社で買い取って所有していることも多い。

［客付け］物件や売り主の情報をよく知らない。買い主を元付け業者につなぎ、売買が成立すれば買い主から仲介手数料（物件価格の5％が上限）を受け取る。

元付け業者は物件の状態や売り主が売却を決意した理由なども熟知しているケースが多いので、電話のやりとりだけでもたくさんの情報が入手できます。その上、狙っている物件が元付け業者の所有物である場合、仲介手数料が省ける可能性もあります。買い手にとってはメリットだらけです。

そんな元付け業者にアクセスするのは、そう難しくはありません。不動産情報サイトの、各物件の紹介ページを見ると必ず「取引形態」という項目があります。そこに「媒介（専属）と媒介（専任）」と記載されている場合は、元付け業者が管理している物件です。一方、「媒介」あるいは「仲介」といった記載のあるものは客付け業者が管理している物件です。ぼくたちが狙うのは前者ですが、いい物件を見つけた際に、客付け業者が関与しているからといって、スルーしてしまうのはもったいないです。

その場合は、元付け業者に直接アタックしてください。元付け業者を探すのは簡単です。

不動産情報サイトに載っているデータから、物件の住所を割り出して現地に行き、そこに「売物件」と書かれた看板が立っていれば、看板には元付け業者の連絡先が必ず載っているので、そこに電話をかければいいのです。もちろんグーグルマップのストリートビューで看板が確認できればそれでＯＫです。

こうした手間をかけるだけで、１００万円の不動産であれば5万円ほどの仲介手数料が省けます。差額で新品のキッチンが買えます。往復の交通費と時間との兼ね合いではありますが、こういう方法があるということは、知っておくといいでしょう。とくに、ボロ戸建てではなく、たとえば数千万円レベルのしっかりした物件を自宅として購入する場合は、ここで説明した方法は必ず実践してください。元付け業者と直接交渉すれば、百万円単位の仲介手数料がゼロになります。

元付け業者と直接取り引きするメリットは他にもあります。元付け業者自身が物件の所有者であるケースでは、指し値の交渉が容易になるのです。指し値で売買をまとめるには、まず相手の仕入れ値を聞き出してください。仕入れ値とは、元付け業者が物件を買ったときの価格、つまり彼らの商売の原価です。

仕入れ値を聞き出せば、もう勝ったも同然。日本人は、お金にはきれいだと見られたい人が多く、たいていの人が、儲けている自分に後ろめたさを感じます。不動産情報サイトに載せていた販売価格と、仕入れ値の差が売り主の利益になりますが、この利益額がバレると急に弱気になります。そして一気に買い主側が優勢になります。

元付け業者は仕入れ値を自分からは言いません。ですから、買い主の側から聞き出しにいきます。ぼくの体感として、7～8割の人は、詰め寄られると仕入れ値をしゃべってしまいます。特殊なテクニックを用いるわけではなく、「○万円ですか？　え、違う？　じゃあ□万円以下だ」「では、△万円ですね？　あ～けっこう高いな、◇万円かあ～」といった具合に、「ぶっちゃけどうっすか？」と突っ込んでいきます。

ぼくは「同じ質問を違うニュアンスで何度もぶつける」というテクをよく使います。「いくらで買いましたか？」ではなく、「正直なところ○○万円で指そうと思ったんですけどね～。それだと利益が出ませんよね？」といったフレーズを織り交ぜます。このように言葉のキャッチボールを続けていると、最後にはたいがい仕入れ値を漏らします。マジメな日本人は相手を適当にあしらえないので、この圧に耐えられないのだと思います。

あとは、お互いにとってメリットのあるラインまで交渉してください。相手は業者ですから、次につながるように、あくまでお互いが利益を取れる金額で収めるのがコツです。

内覧時の不動産業者への対応術

これから不動産投資にチャレンジしようとする人にとって、物件内覧時の不動産業者とのやりとりは、心配のタネではないでしょうか。初心者であることを幸いに、ぞんざいに扱われるのではないかと、不安を抱いている人も多いはずです。

ぼくは不動産会社に勤めていた経験があるからわかりますが、どんなに知ったかぶりをしても、あなたが初心者であることを営業マンは絶対に見抜きます。初心者だとバレないようにしなきゃなどと変に気負わず、謙虚な気持ちで業者とコミュニケーションしましょう。

以前までのぼくも、内覧の際は営業マンに対してかなり警戒していました。内覧の待ち合わせの15分前に現地に着いて、営業マンを待ち受けるかたちで心理的な優位性を確保したり、物件のあちこちを指して、「あそこが汚い」「こっちは傾いている」と悪口を並べて、とにかく安く買おうとしていたものです。

でも、そう言われた営業マンはあまりいい気分ではありません。相手の気分を悪くするよりも、根拠のある数字を積み上げて希望の金額を伝え、双方で歩み寄るほうがいい。そう考えを改めた結果、今ではドンと構えて内覧をできるようになったのです。この場合の数字というのは、その物件にかかるだろうリフォーム費用と想定家賃、そして希望利回りです。

とはいっても、初心者は一見しただけでは物件のウィークポイントをくまなく把握するのは難しいでしょう。その意味でも、営業マンとは良好な関係性をキープしておき、買い付けを入れるのに少しでも懸念点があれば、遠慮せずにバンバン質問をしてください。

リフォームの経験を積んでいくと、物件をひと巡りしただけで、修繕すべきポイントがわかり、見積もりが立てられるようになります。そうなると、「この物件はリフォームにおおよそ○○円はかかる。たとえばここを直すのに△△円、あっちを直すには◎◎円です。家賃は□□円で想定しているので、そうなると物件価格が◇◇円以上になると大家業として採算が合わないから、なんとかなりませんか」と、具体的な数字を示しながら、値下げ交渉ができるようになります。これができれば大したもの。一人前です。

まずは96ページからのリフォーム実例集を参考に、最低限修繕すべきポイントとコストを念頭に置きながら、場数を踏んでいってください。そうすれば、次第に自分のペースで営業マンと交渉できるようになれるはずです。

5 電話だけで物件情報を聞き出す方法

前の章では物件を購入する際に、客付け業者ではなく、元付け業者に直接アタックすることがいかに効果的かを説明しました。ここでは元付け業者との電話のやりとりで、有益な情報を聞き出すためのコツをお教えします。

業者との連絡手段には電話以外にもメールがあります。一般的には、不動産業者にメールを送ったり電話を入れて物件資料を取り寄せ、目を通して内覧希望を申し込むという流れがオーソドックスです。

しかし、そんなやり方をしていては、一向に物件の買い付けなどできません。おいしい物件にはライバルが多く、資料を取り寄せてチンタラ検討していたら、あっという間に競合の大家に先取りされてしまうからです。

そこで身につけておきたいのが、電話での問い合わせの段階で物件情報を聞き出すテクニックです。「資料に目を通さなくても大丈夫?」と心配する人もいるでしょう。問題ありません。むしろ電話のほうが、物件をお得に買うために必要な情報を引き出せます。ぼくが必ず聞くのは次の３つの項目です。

①ライフライン（とくに給水・排水）
②物件の住所
③売り主の売却理由

まず、①のライフラインは「電気」「ガス」「水道」を指します。ぼくの経験上、基本的にどの物件も電気は通っているので、電気に関してはとくに聞く必要はないと思っています。またガスも同様です。ぼくたちが狙っているような、都心から距離のあるボロ戸建て物件は、基本的には都市ガスのサービスエリアではなく、ほぼプロパンガス一択なのです。

電気やガスに比べて大事なのは、給水と排水。キーになるのが「公営水道」なのか「井戸水」なのかです。公営水道であれば水道局が管理している安くてきれいな水が供給されるので、無条件でＯＫです。

かたや井戸水だった場合、井戸の設備には寿命があるため壊れていることがあります。するとイチから作り直さなければならず、多額のコストがかかります。業者に頼むと、水を引くのに50万円、ポンプ代に40万円ほどかかるそうです。よって、井戸水であるとわかったら、井戸が古いのか新しいのか、機能するのか否かを聞き出してください。もし少しでも引っかかるところがあれば、初心者のうちは撤退するのが賢明でしょう。90万円もかけて水を引き直すのであれば、もう1軒家が買えますからね。

次に、詳しい住所を必ず聞き出してください。それさえわかれば、グーグルマップのストリートビューで物件の外観が確認できます。築年数に見合った外観なのか、駐車場は確保できそうか、近隣に駐車場はあるのか。外観から得られる情報は無数にあり、経験を積めば内覧をせずとも、ストリートビューの情報だけで買い付けを即断できます。この方法は第5章で詳しく説明します。

3つ目は売り主の売却理由です。これを聞き出すことが超重要なのです。ぼくは「売却理由はなんですか?」とストレートに聞くようにしています。そこで、たとえば「投資家の方が売りに出しています」という答えが返ってきたら、手を引いてください。売り主が投資家の場合、できるだけ利益を確保しようとするので、Win‐Winの取引にならない可能性が高いからです。必ず多少はぼられます。

狙い目なのは、売り主が「資産整理で誰も住んでいない家を早く処分したい」と希望している場合や、「父親が別荘として使っていたが、年をとって利用頻度が減った」などの理由で売りに出されている物件です。

売却理由に「必要なくなった」「早く売りたい」「処分したい」といったキーワードが入っている物件は、ぼくの経験上、より安く購入できます。

クルマでもインテリアでも同じですが、売り主が愛着を抱いているものは値段が下がりにくく、売り主に愛されていないものは値段が面白いくらいに下がります。「べつに、いくらになろうが、金になりゃいい」というスタンスの売り主さんをぼくはこれまでたくさん見てきました。

とにかく、業者に電話で問い合わせをする際には、必ず売却理由を聞いてください。そして売却理由にキーワードが入っている場合は、より安く買えるチャンスだと思ってください。

6 初心者は雨漏り、事故物件、VOTTON(ぼっとん)便所には手を出すな

100万円以下のボロ戸建てには、買ったら損をする、空振り必至の悪球も存在するので、注意が必要です。ここではとくに初心者が手を出すにはリスクの高い物件のパターンを紹介していきます(ぼくのYouTubeでもご紹介してますのでご参照ください)。

まず初めのうちは避けたほうが無難なのは、「雨漏り物件」です。20ページでも書いたように、雨漏り物件でもお構いなく入居を決めるレアな人もいるので、「雨漏り物件は商品にならない」とは一概に言えませんが、それはあくまでレアケース。基本的には直さないとロクに客付けもできません。

そしてその際の修繕コストがバカになりません。雨漏りしているということは、屋根、天井、床の3カ所は確実に損傷しているわけですから、修繕にかかる時間も費用も3倍に膨れ上がります。DIY大家の上級者になるとライバルの少ない雨漏り物件を格安で買い、修繕して貸すことで利益を得ることもできますが、初心者はリフォームにかかる手間と時間を考えたら、購入は控えたほうが賢明です。

続いて、「ＶＯＴＴＯＮ（汲み取り式）便所の物件」も初心者にはおすすめしません。なぜなら、男女を問わずどの客層からも嫌われる傾向があり、客付けに苦戦するケースが多いからです。洋式便所にチェンジできなくもないですが、その作業にかかる手間とコストを考慮すると、割に合いません。

それよりむしろ、ちょっと価格が高くなってもいいから、初めから洋式便所がついている物件を買ったほうが、リフォームから客付けまで、スムーズに行えます。ただし、何ごともケース・バイ・ケースです。たとえば、ＶＯＴＴＯＮ便所であっても他の要素は満足のいくレベルで、なおかつ20万円で売られているのであれば、買ったほうがいい場合もあります。「絶対にダメ」というわけではなく、あくまで初心者のうちは手を出さないほうがいい物件として覚えておくといいでしょう。

「借地権付き」の物件にも気をつけてください。借地権とは、建物を建てるために、地代を払って他人から土地を借りることです。通常は物件を購入すると「土地と建物の両方を所有する」かたちになりますが、借地権付きの物件の場合、「土地は借りもので、建物だけ自分のもの」になります。

ということは、借地権付きの物件を買った場合、毎月決まった金額を地主に支払う必要が生じます。そもそも土地代として、毎月どのくらいのお金を払えばいいのか決まったルールがなく、地主のさじ加減で決められているのも、ぼくの好まない要素です。せっかく他人に支配される生活から抜け出すために専業大家になったのに、わざわざ他人のコントロール下に身を置くなんて、よほどの好条件がなければ考えられない。

土地についての固定資産税は当然地主が負担しますし、借地権が付いていることで物件の売買価格は安くなっています。これらの要素を毎月の地代と比べて、損得を考えるわけですが、話がシンプルではない点で、初心者向きではないです。安く買って、直して貸し出すという簡単な流れを、初心者は意識してください。

ぼくは心理的瑕疵物件、いわゆる「事故物件」は買わないようにしています。それは単純におばけが怖いからです。ぼくはリフォームを自分でするのでそんな部屋は怖いし、所有しているのも嫌です。「他の人間がやったことなら、自分にもできないことはない」がモットーのぼくでも、さすがに幽霊への対応は心得ていません。そもそも市場に出ている事故物件で、とてつもなく安いと思う物件はほとんど見たことがありません。たくさんの物件がある中で、わざわざそんな物件を買わなくても、他にいい物件は出ます。数字が合うなら投資判断としてはいいと思いますが、ぼくは嫌です。

なにはともあれ、ボロ戸建てには、「ＶＯＴＴＯＮ物件」や「雨漏り物件」など、初心者が手を出したら痛い目をみるリスクの高い物件がゴロゴロあります。どうしても失敗が怖いという人は、転貸借からエントリーするのがおすすめです。転貸借とは、借りたものを他の誰かに貸す行為、いわゆる「又貸し」のことを指します。

ボロ戸建て投資家の中には、物件を仕入れたはいいものの、リフォームの途中に挫折し、商品化できていない家を持て余している人が相当数います。彼らから物件を借りて、リフォームを施し、貸し出して利益を得るのです。もちろん、転貸借で得た家賃収入は物件所有者と話し合い、折半になると思いますが、自己資金で物件を買う必要がないため、22ページで詳しく書いたようにタネ銭が４００万円に満たなくても、手軽にエントリーできるのが魅力です。

ほぼノーリスクで「ＲＥＰＡＩＲ」「ＲＥＮＴ」「ＲＥＰＥＡＴ」の技術が磨けるという点も、極めて初心者向けです。ＳＮＳで、「大家」という言葉がユーザー名に含まれている人を探して、「転貸借に興味はありませんか？」とＤＭを送っていけば、10人に１人は反応を示す人がいるかもしれません。興味がある人はこのような方法で貸し主を探してみるといいでしょう。

お金はかかるし、想定外の事態もしばしば……所有権移転登記まで油断は禁物

ここからは、ボロ戸建てが実際に自分のものになるまでの流れについて説明をします。売り主との話がまとまった後は、契約書への署名と捺印、売買代金の決済、所有権移転登記といった手続きを終えて、正式に物件の買い付けが完了します。

所有権移転登記は、不動産の売買契約によって所有権が売り主から買い主に移行したときに、それを公的に証明してもらうための手続きです。たとえば、ぼくがAさんから物件を買って、所有権移転登記をしないままでいたとします。その後、AさんはBさんにも同じ物件を売り、所有権移転登記をしたとします。すると法的には、この物件の所有者は先に買ったぼくではなく、登記されているBさんだと判断されてしまうのです。つまり、売買契約を結んで代金を払って物件の引き渡しを受けるだけではダメで、所有権移転登記まで終えるところまでが取引だということです。

さて、こうした売買のプロセスの中で、ぼくたちはいかに安く買うか知恵を絞るわけですが、いざ売買条件がまとまった後も、話は簡単にひっくりかえることを覚えておいてください。ぼくはこれまでたくさんの中古物件に買い付けを入れてきましたが、土壇場で契約が流れた経験が何度もあります。

なぜそんなことが起きるのか。よくあるのは、売り主の親族がしゃしゃり出てくるパターンです。買い主と売り主の間で話がまとまっているにも関わらず、後から「売り値が安すぎるからやめとけ」と横槍を入れてきたり、「この物件はお父さんの形見なんだから売るな」などとケチをつけてきます。その結果、売り主が翻意して、契約がおじゃんになることはよくあるんのす。だからぼくも所有権移転登記が終わるまでは、「買い付けが通った」とか「この物件を買った」といった情報をＳＮＳで流しません。売り主から契約の合意を取り付けたからといって、ぬか喜びは禁物。所有権移転登記を終えることで、初めて物件の購入が完了するということを頭に入れておきましょう。

ところで、物件を購入すると、物件価格以外にもさまざまなコストが生じます。その内容とおおよその金額も把握しておくといいでしょう。

①不動産業者への仲介手数料（仲介業者を介さない場合は不要）
②所有権移転登記の登録免許税
③司法書士への登記代行報酬

④　不動産取得税
⑤　固定資産税

①の仲介手数料ですが、１００万円の不動産であれば５万円＋消費税が上限です。ただし、物件の所有者と直接交渉している場合は、支払いが不要になります。

②の登録免許税は、物件の買い主が所有権移転登記する際に国に納める税金です。額は「物件の固定資産税評価額×税率（２％）」です。この所有権移転登記の手続きを司法書士に依頼した場合は③がかかります。費用は司法書士によってまちまちですが、おおよその目安としては４万〜６万円程度です。

④は物件を買うとき一度だけかかる税金です。購入して忘れた頃になって、自治体から納税通知書が届きます。額は「物件の固定資産税評価額×税率（３％）」です。

⑤は、物件を所有している限り毎年支払う義務があります。これは人家業を営むとマストでかかるランニングコストのひとつです。固定資産税は建物と土地、それぞれの評価額（課税標準額）に税率（１・４％）を掛け、両者を合算して求めます。この税率は、自治体によって異なる場合がありますので、物件所在地の自治体のホームページで確認してください。

ぼくらがメインで扱っているのは、都会から距離のある木造の戸建てですが、固定資産税はだいたい毎年2万～3万円くらいが大まかな相場です。毎年徴収されるからといって、金額は家賃収入の1カ月分にも満たないわけですから、恐るるに足りません。

さて、②と④と⑤は必ず支払わなければいけないコストですが、③は省けます。ぼくは2軒目からセルフで登記手続きに挑戦しています。ただし、間違った内容で提出して役所ともめるリスクがありますから、1軒目は司法書士にお願いして、プロが作成した書類をコピーして、やり方を学ぶのが賢明です。最初は授業料だと考えましょう。

また、セルフ登記を嫌がる不動産業者が多いので、万が一ミスがあっても不動産業者にはご迷惑をおかけしないことを、きちんと説明してあげるといいでしょう。ぼくのようにセルフ登記をこなして慣れてくると、不動産業者も安心してくれます。慣れてしまえば誰でもできるので、余裕があれば果敢に挑戦しましょう。

スペシャル特典①

●内覧時に必ず見ておくべきチェックポイント●

第2章ではボロ戸建て投資における「絶好球」の定義と、初心者のうちは手を出さないほうがいい物件について解説しました。そのまとめとして、内覧時に必ず確認すべきポイントと心構えを左ページにまとめました。とりわけ重要なところを、かいつまんで見ていきましょう。

まず電気。解体予定物件などでは、まれに電気メーターとブレーカーが外されているケースがありますから、内覧時には要確認です。それを元に戻す工事に25万～30万円はかかりますから、その物件は諦めましょう。

テレビが映るかどうかも重要なポイントです。ボロ戸建てでは、アンテナが壊れている、あるいは取り外されている場合が多々あります。内覧の際には小型テレビを持参して、ちゃんと映るかどうかをチェックするのが理想ですが、そもそも電気がきているかも怪しいので、せめてしっかりアンテナが立っているかを確認しましょう。

内覧時に必ずチェックすべきポイント

□電気のアンペア数を確認。電力メーターはスマートメーターが望ましい

□ガスの種類をチェック。プロパン、都市ガスどちらか？ プロパンなら会社名と貸与契約が残っているのか

□テレビが映ればOK。アンテナ不良で映らなければ修繕コストを算出すべし

□水道は上下水道ありだったらOK。井戸水の場合は修繕が必要か否か、浄化槽なら点検清掃はされているか

□水道は元栓を開栓するのが可能か。開けてみて水漏れがなければOK

□給湯器の年式が耐用年数である10年未満か。10年より古ければ取り換えが発生する可能性あり

□物件の傾きを見る。ただし、傾いていても基本的には修繕しなくてOK。そのまま貸し出そう

□シロアリは大体いるもの。クレームに備えて生息位置を確認&把握

□隣家や道路との境界線が確定しているか。その際は境界ブロックも確認

□窓は全部開くか。不備があったら閉鎖スキームで対応

□室内の天井に雨染みがないか。屋根を見て破損がなければOK

□近隣住民に話しかけて、隣近所に要注意人物がいないかを確認

□どこの修繕にいくらかかり、何日かかるかをシミュレーション

□想定家賃の最高値と最低値を算出する

□隣地への越境、不法占拠、隣地との揉め事はないか

□私道負担料、ポンプ共同使用料などがなければOK

□駐車場になりそうなスペースがあれば◎。ない場合、近隣に貸し駐車場はあるか

水道に関しては、上下水道完備が理想的ですが、井戸水物件の中には、100万円をはるかに下回る破格の安さで売りに出されているものもあり、一概に「買うな」とは言えません。内覧時はまず井戸が壊れていないかどうか、水が供給できるかどうかをチェックしてください。壊れている場合は、修繕費用と物件価格を考え合わせて、割に合わないようだったら購入を控えてください。

また、内覧時に水道の元栓を開栓してみて、水漏れの有無も確認しておきたいところ

です。そのためには水道局の許可が必要なので、不動産業者に一声かけて、もし状況的に可能であればチェックしてください。ぼくの経験上、水漏れが発生しやすいポイントは、露出配管のジョイント部分です。水漏れを確認した場合、自分で直せるレベルなのかを判断し、無理だった場合、水道修理業者に支払う料金も頭に入れておきましょう。

ボロ戸建ての十中八、九にシロアリが生息しているので、あなたが気にすべきは生息場所の把握と物件の損傷具合です。そうすれば、入居者からクレームが入ったとしても、慌てることなく対応できます。業者を入れて駆除すると7万～8万円は下らないので、リフォームの際には手をつけなくていいと思います。苦情が入ったわけでもないのに、大金をかけてシロアリ対策を講じるのはやめましょう。そして、もし苦情が出てしまったら、その際はキチンと対応しましょう。

開かない窓があった場合、それは建物の歪みによるものなので、修繕は諦めてください。「開かずの窓がある物件」としてそのまま貸し出すか、窓の前に板を張り付けて、窓を閉鎖しましょう。開かない窓には文句が出ますが、そこに窓があると知らなければ、誰も文句のつけようがありません。ぼくはこれを「閉鎖スキーム」と呼んでいます。同様に、雨漏りしている部屋であっても、入り口を閉鎖して、部屋自体を「ない」ことにすればいい。存在を知らない部屋が雨漏りしていても、怒る人はいません。「閉鎖スキーム」が使えると、買える物件の幅がより広がるので、覚えておくといいかもしれません。

内覧時にしかできないのが、近隣環境のチェックです。近隣にトラブルのタネとなるような迷惑な住人はいないか。もしその場合は、客付けができても、長期契約を妨げるファクターになりますから、把握しておくことが重要です。ぼくは初心者の頃はよく、「この物件の購入を考えている者なのですが」などと、物件のご近所さんに声をかけていました。すると、「向かいの家はちょっと変だから」などと、住んでみなければわからない、ローカルな情報が案外簡単に聞き出せたりするのです。

さらに、内覧先の家屋の一部や樹木などが隣地に侵入している場合、その物件のオーナーは隣地所有者から訴えられる可能性があります。また、すでに隣地と係争中の物件を知らずに購入した場合、買い付けを入れた途端に、買い主が被告になるケースもごくまれにあるので、注意が必要です。これらのトラブルの有無は不動産業者に確認してください。

第3章

REPAIR〜
やりすぎ厳禁！
リフォームは
80%で十分

内覧客が5～10分で見える範囲をきれいに！

ここからは「REPAIR」について説明していきます。大前提として、声を大にして伝えたいのは次の言葉に尽きます。

物件の修繕に夢中にならないでください。あなたが目指しているのは、リフォーム業者ではなく不動産投資家です。

マジメにやっちゃダメです。ボロ戸建ては高所得者が借りる物件ではないのでそこに向けて造る必要もありません。「BUY」「REPAIR」「RENT」「REPEAT」の4つの項目の中で、最も優先順位が低く、手間をかけてはいけないのが「REPAIR」なのです。どんなにリフォームを頑張っても、築30年以上のボロ戸建てが新築同然のクオリティに仕上がるなんてことは絶対にありえません。ボロ戸建てはどこにどう手を加えても、永遠にボロ戸建てのままです。

さらに、第1章で書いたことの繰り返しになりますが、ボロ戸建てを求めるような人は、そもそも内装のクオリティにはあまり頓着がなく、一切リフォームをしていないヒドい状態の物件でも、まれに入居が決まります。どんなにリフォームに手間とコストをかけても、満たされるのはあなたの自尊心だけ。利益にはほとんどつながらないのです。物件には必要以上の愛着は要りません。あくまで商品だと割り切って接してください。

ぼくは物件のリフォームが80％程度まで進んだら、もう完成とみなします。なぜなら完璧を求めると何年もリフォームし続けることになるからです。

ぼくの経験上言えるのは、物件の80％の範囲をきれいにするのにかかる労力と、残りの20％を仕上げるのにかかる労力は変わらないということです。ぼくはそれを「８：２の法則」というフレーズで表現しています。考えてみてください。１軒のボロ戸建てを１００％の状態に仕上げるのに必要な労力と、ボロ戸建て2軒を80％の状態に持っていくのに必要な労力が同じなのであれば、後者のほうがずっと割がいいと思いませんか？　１００％リフォームを頑張ってもお客さまが付くとは限りません。だったら80％の物件を2軒仕上げて確率を上げていったほうがいいのです。

「室内の80％の範囲をきれいにする」ということは、「内覧客が5分から10分ほどで見える範囲をきれいにする」という言葉に言い換えられます。意識すべきは、内覧客が物件のどこをどう見るかです。このマインドは超重要です。

たくさんの内覧者さまを案内してきましたが、ほとんどのお客さまは大体平均的に10分以内で内覧を終えます。5～10分という短い時間では、細かいところまでチェックできませんから、大事なのは、数分間でのパッと見の印象です。

「どこを直したらいいのかわからない」という人も多いでしょう。ぼくのおすすめは、室内の汚い壁紙を基本すべて貼り替えることです。部屋という箱は床、壁、天井の計6面でできています。そのうち壁紙が貼ってある面積はというと4面、全体の約3分の2におよびます。室内の壁紙をすべて貼り替えるだけで、部屋のパッと見の印象は驚くほど劇的に変化するのです。

壁紙の貼り替えは簡単です。切手を貼れる人なら誰でもできます。まず各部屋の壁のサイズを測ります。そこからネットで注文するか、ホームセンターで壁紙を買いに行くのですが、初心者のうちは「耳落とし注文」が可能なお店を選ぶといいでしょう。

耳落とし注文とは、業者に壁のサイズを伝え、余分な部分（耳）をカットした壁紙を納品してもらうサービスのことです。このサービスを利用すれば、壁のサイズに合わせて壁紙をカットする手間が省け、届いた壁紙をシールのようにペタペタ貼っていくだけなので、作業がめちゃくちゃラクです。壁が白くきれいにするのが目標なので、切り合わせがどうのこうのということはそんなに気にしなくていいです。心にも技術にも余裕のない初心者のうちは、ぜひ利用してみましょう。ある程度余裕ができてきたら、耳落としサービスを使わずに自分で壁紙チェンジに挑戦してください。

さて、壁紙を替えれば、「リフォーム作業の50～60％は終わった」と言っても過言ではありません。残りの20％は水まわり4カ所（トイレ、洗面所、キッチン、浴室）、床、天井などですが、天井はよほど汚れていない限り、手を入れなくていいです。水まわりのリフォーム方法は１０４ページ以降で詳しく解説しますが、「やりすぎ厳禁」であることに変わりはありません。

これだけ言っても「内覧客に物件を隅々まで見られたときのことを考えると怖い」と思う人にもう一度お伝えします。それは、要らぬ心配です。細かいところを気にする人は、そもそもぼくらの商品（ボロ戸建て）を必要としていません。だから80％の状態まで直したら、自信を持って作業を切り上げましょう。

② 入居後の直しに損はなし

これからボロ戸建て投資を始めるにあたり、「入居者からクレームを受けたらどうしよう」と怖がっている方、安心してください。ぼくの経験上、設備故障などのSOSを入れてくる入居者は全体の3割程度です。さほど多くないでしょう？　しかもそれらには直接現地に行かなくとも電話で対処方法を指示して終わり、という案件もあります。

もちろん、入居者の依頼を受けて現地にレスキューに向かう場合もあります。しかし、ビクビクする必要はありません。入居後の直しで損をすることはなく、むしろ考え方次第ではメリットのほうが大きいのです。その理由を説明します。

客付け前の物件の修繕に身銭を切るのは当然ですが、直したとしても、ちゃんと入居者が現れるかどうかはわからず、不安を抱いたまま作業をすることになります。

一方、入居者の依頼を受けて直しを行う場合、いただいている家賃を修繕費用に充当しているわけです。それになにより、客付け前の物件の直しとは異なり、すでに入居者がいるわけですから、直せば翌月、また家賃が入ってきます。心理的にも高いモチベーションで修繕作業に取り組めます。

入居後の直しには、他にもメリットがあります。意外に思われるかもしれませんが、ぼくは今まで、入居者からＳＯＳを受けて物件に足を運んだ際に「こんな事態になるなんて聞いてなかった、金を返せ！」などと文句を言われた経験は、ほとんどありません。むしろ、電話をもらってすぐに対応すれば、「わざわざ来ていただいてありがとうございます。ご苦労さまです」と温かい言葉をかけてもらえるケースがほとんどです。

普通の物件の大家さんであれば、ふだんは管理会社任せですから、入居者とコミュニケーションをとる機会はめったにありません。しかし、ぼくのスタイルは自主管理ですから、修繕依頼などがあった場合、直接やりとりをする必要があります。それを手間だと思うのではなく、住人と接する機会に恵まれていると思えばいいのです。

ぼくは、入居者からの修繕依頼に応じる際は、フレンドリーな空気を醸し出して、積極的にコミュニケーションを図るようにしています。もちろん、相手の性格によって対応を変える必要があり、ケース・バイ・ケースではありますが、仲良くなれば、長期契約のチャンスにもつながるかもしれません。

また、入居者と信頼関係が構築できれば、物件の修繕を手伝ってもらえることもあります。たとえば、屋根の上での作業が必要な場合、下で梯子を支えてもらったり、工具をとってきてもらうなど、ちょっとしたサポートがあるだけで、作業効率が段違いに上がるのは言うまでもありません。

以前「水道を開栓したら水漏れがした」という問い合わせを受けたときは、電話口で対応を指示して、ことなきを得ました。水漏れ箇所の写真を送ってもらったところ、パッキンの種類が間違っていることがわかったので、「近くにホームセンターがあるので、そこで適当なパッキンを買って直してください」と指示を出したのです。後で、パッキン代＋手間賃として2000円を振り込みました。この入居者さんがバイクいじりが好きなことをぼくは知っていましたから、当然工具を持っていて、パッキンの交換をできると踏んだのです。こういう見極めと、ある程度の信頼関係の構築は必要ですが、慣れてくれば、大家が物件に出向かなくても修繕対応ができます。

さらに、入居後の直しで得られるメリットは他の点にも見出せます。修繕のために物件を訪れることで、住居の使用状況が把握できるのです。たとえば、室内でタバコを吸っている痕跡があったり、ペットを飼っているなど、明らかな規約違反があった場合、ぼくは遠慮なく注意します。「べつに吸いたいなら吸ってもいいですけど、出るときにクリーニング代がかかりますよ」などとその場で忠告すれば、退去時にトラブルになったり、対応にあたふたすることもありません。

最後に、万が一、「こんな物件をよく人に貸せたな！」といったクレームを受けた際の対処法を教えます。ぼくは基本、水まわりの故障など生活に支障が生じるトラブルでない限り、すぐにレスキューに向かうことはしません。横柄な態度で、「壁紙が剥がれたからすぐに来て直せ」なんてキレられても、「べつに住むのに支障はありませんよね？」といたって冷静な口調で切り返して、待ってもらいます。

内覧の段階で「ここがボロい、あそこがボロい」といった態度のお客さまもたまにいます。そういうときのぼくは、「勘違いしないでください。誰も住んでくれなんて頼んでません。あなたがこの家にこの家賃で住みたいというから見せてるんです。気に入らないなら、紹介しますから新築に住んでください」と、しっかりと言葉で伝えます。そうすると相手は、「私が住めるのはここだけでした」と悟り、入居後も文句を言ってこなくなります。物件が古いのを十分に理解してみずからの意思で入居を決めたお客さまに、大家が過剰にへりくだる必要はありません。ボロ戸建て投資家には時に強気なマインドが求められるのです。

3 必ず20万円以下で仕上げる

先ほど、リフォームに夢中になってはいけない、そんなにマジメに取り組むものではないとお伝えしました（72ページ）。ですが、いくら本気になってはいけないと心に言い聞かせていても、家としての体裁をギリギリで保っているようなボロ戸建てを目にすると、誰しも必要以上に修繕したくなるものです。

そうやってボロ戸建ての修繕作業に、悪い意味で真っ正面から向き合う人は、すぐに「リフォーム沼」にハマりこんでしまいます。それを防ぐためにも、「リノォームは絶対に○○万円以下で仕上げる」という具体的なラインを肝に銘じてください。交通費や移動時間がもったいないので、一度現地に行ったら徹底的に作業を進める覚悟を決めてください。

言うまでもなく、リフォーム費用を抑えれば抑えるほど、利回りは上がります。並み居るライバルに競り勝って、50万円の物件の買い付けに成功したとしても、リフォーム費用に150万円もかけてしまったら、せっかくの努力も水の泡です。リフォームにそんなにコストをかけるなら、初めから苦労せずに200万円の物件を買って、そのままで貸し出したほうがずっとラクだし、コスパがいいです。

せっかく安く仕入れた以上は、なるべく安くリフォームしないともったいないし、コストをかけてリフォームしたからといって、そのコストや労力に見合うほどに客付けが有利になるとは限りません。リフォームに必要以上のコストをかけてしまうと、すべての歯車が狂ってしまう。だからぼくは自分自身に、リフォームに20万円以上はかけるなと言い聞かせているのです。

96ページからの「リフォーム実例集」で詳しく書きますが、ＤＩＹならば、３～４ＤＫのボロ戸建てをリフォームするのにそんなにお金はかかりません。20万円以内でできると思います。誰にでもできます。

先に壁紙をすべて貼り替えた時点で、リフォーム作業の50～60％は終えたも同然だと書きましたが（75ページ）、壁紙代なんて一部屋につき８０００円ほどしかかかりません。全体でも、だいたい3万円くらいで済みます。

たったの3万円の投資で、ボロ戸建てのリフォームの半分以上が終わるのです。内装の印象をガラッとよくする点で、壁紙が持つ力は本当に素晴らしいです。壁紙はＤＩＹにおける最強の武器なので、ボロ戸建て大家は、とにかく壁紙の在庫をたくさん持っておくべきです。それとペンキですね。この2つは、次の物件でも必ず使うので、今の物件の作業で余っても全然問題ありません。

一方、リフォームを安く仕上げるのに、難関もあります。キッチン、洗面所、トイレ、お風呂の水まわり4カ所は、場合によっては新品に取り替える必要があるため、そのぶん費用がかかります。実費として10万円程度はかかりますから、その他の部分で工夫してコストカットに努めましょう。

ここまでは材料費の話でしたが、ＤＩＹには工具が必要です。ボロ戸建て投資を始めるに当たっては、初期のキャッシュ流出はなるべく抑えたいところです。そこでおすすめなのが１００円ショップです。

カッター、ドライバー、プライヤー、ニッパーなどなど。ＤＩＹに必要な工具のほとんどは１００円ショップで手に入ります。

もちろん、１００円ショップの工具は安いぶん壊れやすく、使い勝手もいいとは言えません。やはり値段が高いものは使いやすいし、長持ちします。余裕があれば高級品を使うに越したことはありませんが、せっかく高い工具を買ったのに、自分には合わないと感じて使わなくなってしまう人も多いので要注意です。

そもそもＤＩＹの素質がある人は、わざわざ新しく買い求めなくとも、ある程度は工具を常備しているものです。そう考えると、これから工具をイチから揃えるような人は、自身にＤＩＹの素質がないことをいずれ思い知らされる場面があるかもしれません。場合によってはボロ戸建て投資から撤退に追い込まれる可能性もあります。張り切ってバカ高い工具を揃えてしまうと、泣きを見るリスクがあるので注意してください。

ＤＩＹ作業を効率よく進める上で、電動工具は頼もしい味方。買うと値段は張りますが、ホームセンターでレンタルも可能です。初めのうちは、自分に合う工具がどういうものなのかわからないでしょうから、１００円ショップとレンタルサービスを活用して費用をかけずに工具を揃えるといいでしょう。より上等な工具は、経験を重ねて、ある程度ＤＩＹに自信がついてから購入しても遅くはありません。

ちなみにぼくは、3軒目までは、ほとんど１００円ショップの工具で回していました。電動工具を使うようになったのは、かなり最近のことです。マルノコやインパクトドライバーを初めて使ったときの感動と言ったら、それは格別でした。

作業を計画的に順序立ててやると効率がぜんぜん違う

「REPAIR」に取り掛かるに際しての心構えはこのくらいにして、ここからは具体的なリフォーム手順を説明します。修繕作業は計画的に行うことによって、ムダな労力を使わず、スピーディに仕上げられます。「DIYリフォームのふかぽん式段取り」は次のとおりです。

①塗装
②壁紙チェンジ
③水まわりの設備（キッチンや洗面所など）
④床

ぼくがこれまでやらかした数々の失敗経験を踏まえて導き出した、最強・最速の段取りがこちらです。ひとつずつ解説していきます。ぜひ頭に叩き込んでください

まず①の塗装ですが、これは廻り縁や幅木、そして窓枠関係をペンキで塗装する作業のことです。皆さんが住んでいる部屋の天井を見てください。壁が天井と接する部分に、枠が巡

らされていますよね。これが廻り縁です。次は、壁が床と接している部分。ここにも枠があります。これが幅木です。窓枠はそのまま、窓の枠です。まず初めにこれらの部分を白いペンキで塗装します。なぜ塗装が最初なのかというと、養生が不要だからです。

もし仮に壁紙を貼り替えた後にこれらの塗装を行う場合、いちいち壁紙にマスキングテープを貼って、壁紙にペンキがはみ出ないように配慮する必要があります。この手間を省くため、壁紙を貼り替える前に塗装を終えてください。①と②の順番を間違えると、1・5倍から2倍くらいは余計な時間がかかってしまいます。

2番目に着手するのが壁紙チェンジです。単純に材料費だけで見ると、コスト的には壁一面をペンキで塗ってしまうほうが安上がりではあるのですが、トータルの費用対効果を考えると、壁紙一択というのがぼくのたどり着いた答えです。

すべての壁をペンキで塗装するのは大変体力を使いますし、必ず塗りムラができるので、きれいに仕上がりません。壁紙は広い面積を手っ取り早くきれいにできるので、断然おすすめです。ちなみにぼくは、古い壁紙を律儀にはがし、その上に新しいものを貼り替えるといったことはしません。そのままの状態で上から壁紙を貼っていきます。

続いて着手するのが水まわりです。家の機能だけを考えれば、壁紙よりも先に水まわりをケアするのが正解です。ですが内装全体を見たときに、水まわり4カ所よりも壁紙が占める面積のほうが広い。これが水まわりの修繕よりも、壁紙チェンジを優先させる理由です。

ボロ戸建て投資においては、物件を買ったらすぐに入居者募集をかけるのがセオリー。そうすると、リフォーム作業中に内覧客が訪れる場合もあります。入居者にとってではなく、内覧客にとって魅力的な物件に仕上げるのが、ボロ戸建て投資のキモですから、広い面積をきれいにするのが最優先なのです。

こうした理屈から、水まわりの中でも優先されるのはキッチン、次に洗面台となります。比較的広くて目につくからです。あまりにも汚い場合は、新品に交換することにしています。クリーニングをする手間と、新品が内覧客に与えるインパクトを考えると安上がりになります。

交換前に内覧客が来てしまう場合もありますが、そういうときは、汚損が激しい部分にランチョンマットを被せるなど、飾りでしのいでください。契約が決まればしっかり手を入れるわけですから、決してズルではありません。

4番目は床です。ボロ戸建てには、床素材が柔らかくなり、部分的にへこんでいる物件が多々あります。破損具合や床の形状によって修繕のアプローチはさまざまですが、ぼくがよくやるのは柔らかくなった床の上に薄くて強度のある板を敷きつめて、ビスで固定する方法です。ビスで固定した板の上にビニール系床シートの一種である「クッションフロア」をボンドで貼り付ければ、驚くほどきれいに仕上がります。

このような床部分の作業は必ず最後に行ってください。理由はシンプルです。最初に床を修繕したところで、他の部分を直すために何度も部屋に出入りするうちに、必ず汚れてしまうからです。ワックスをかけてピカピカになった床に、おがくずが付着する様子を想像してみてください。作業中に工具を落として、きれいになった床を傷つけてしまっては元も子もありませんよね。繰り返します。床は必ず最後にしてください。

ここからはおまけです。ぼくは基本的に、天井には手を入れません。ある程度汚くても、お客さまはほぼ気にしないからです。ただ、カビによる損傷が激しい場合など、度を越えて不衛生な天井は、壁紙を貼ってカバーします。作業の順番としては、①の次、②の前です。天井に壁紙を貼る作業中に、壁が破損するリスクがあるからです。

5 リフォームの師匠はYouTube

所有する25軒は、すべて自分で直して貸し出しています。でも、ぼくにはリフォームの師匠はいません。では、どうやってリフォームを学んだかというと、ほぼすべてがネット情報からです。中でもいちばん頼りになる師匠が、YouTubeなのです。

今どき、知りたいことはすべてネットが教えてくれます。人に教えてもらう場合、何度も教えてもらうのは気が引けますし、時間も場所も限定されます。一方、YouTubeなら、いつでもどこでも、やり方を理解するまで何度でも見返せます。

英語の単語を調べるときや、道がわからないとき、皆さんはネットで検索するでしょう。リフォームの場合も同じです。わからなかったらネットを開けばいいのです。

すべて皆さんのお手元のスマートフォンが答えを知っています。スマホがある以上は、これを「有能な仲間」と見立てて、うまく活用するべきです。自分がすべての答えを知っている必要はなく、その答えの導き方を知っていればいいのです。ぼくは自分の子どもたちにもそう教育しています。

ぼくは、壁紙の貼り方やエアコンのつけ外し、屋根の修繕にいたるまで、すべてＹｏｕＴｕｂｅから学びました。プロに教わらなくても、とりあえずやってみるとできたりします。ぼくの場合は、ほとんどがぶっつけ本番です。リフォームは実践することで初めて学べるのであって、机の上だけでは学べません。厳しいことを言うようですが、本当なのだから仕方ありません。現場ではいろんなイレギュラーが発生します。

そもそも「リフォームに本気になるな」というのが、この章で伝えたいことの核心です。リフォームのやり方を学ぶのにお金を払う必要はなく、無料で学べるＹｏｕＴｕｂｅをフル活用してください。

ＹｏｕＴｕｂｅでリフォーム方法を学ぶにあたり、ちょっとしたコツがあるのでそれを教えます。コツといってもとても些細なことです。

たとえばエアコンの取り付け方を調べる場合、マジメな人はエアコンのメーカー名や品番などを検索ワードに入れがちです。

皆さんだいたい想像がつくと思いますが、検索ワードを絞りすぎてしまうと知りたい情報には一向にたどり着けません。ぼくたちが知りたいのは、この場合、エアコンの取り付け方ですから、検索ワードはそのまま「エアコン　つけ方」でＯＫです。なんの工夫も要りません。浅く、広く、ざっくり検索してください。

このようなやり方で検索すると、10種類くらいの動画が出てきます。ぼくは上から３つ目までの動画にはすべて目を通すことにしています。これも大事なポイントです。

そもそも上位に表示されている動画は、それだけ多くの人に視聴されているわけですから、その時点で情報の信頼度はある程度保証されています。それでも、たまたま見た動画のやり方が間違っている可能性もあるし、イレギュラーなケースを紹介している場合もあるので、複数の動画をチェックしてください。それらを頭の中で組み合わせることで、より正確な情報が得られます。

とはいえ、ＹｏｕＴｕｂｅを見てわかった気になって、実際に作業してみると勝手が異なる場合もあります。ぼくだって何度も経験しています。

しかしここで避けてほしいのは、動画で見たのと全然違うじゃないかと絶望して固まってしまうこと。多くの人は仮説が外れたショックから思考停止に陥り、手を止めてしまいがちです。その時間はマジでムダです。「タイムイズライフ」ですから、命を削っているようなものです。

そういうときは思考を切り替えてください。いやいや、初めての作業なのだからイレギュラーがあって当たり前、たまたま仮説が外れたと思えばいいのです。その場でやり方を再検索するのか、その作業自体をいったん止めて、他の作業に着手するのか。現場に行けば仕事はいくらでもあります。ぼくもいまだに、手を止めたくなる瞬間があります。しかし「手を動かし続けろ！」と自分に言い聞かせながら、作業に集中しています。

精神論っぽくなってしまいましたが、要は失敗を恐れるなということです。万が一、ＤＩＹでのリフォームに行き詰まり、泣く泣くプロの業者を使うことになっても、その作業を見て学ぶか次からは同じような条件の物件を買わなければいいだけの話です。

失敗を恐れて手を止めてしまうのがいちばんの悪です。ボロ戸建て投資においては、スピードが大事。失敗のサイクルですら、スピードを上げてください。そうすれば早く成功にたどり着けるのです。

6 外装はほぼノータッチでＯＫ！

ボロ戸建てのリフォームにおいて、外装はほぼノータッチで構いません。ここでいう外装とは、主に外壁や屋根のことを指します。これらの部分に加えて、庭やベランダなども手入れする必要はありません。なぜなら外装がどんなに汚くても、問題なく客付けができるからです。

ここまで読んできた皆さんは、疑問に思うかもしれません。ボロ戸建てをリフォームするには、「パッと見の印象」を良くするのが最優先だとぼくは書いてきました。にもかかわらず外装はほぼノータッチでＯＫだと言うのですから、矛盾しているように感じるでしょう。

一般的に人は、外装よりも内装のクオリティを評価しがちです。ましてやボロ戸建てを選んで、住んでくれる人たちに関して言えば、外装は気にしない方が多いのです。彼らが求めているのは、なるべく安い価格で住める場所であり、内装がある程度整っていれば万々歳。物件が外からどう見えるのかなんて二の次、三の次なのです。つまり優先順位が「内装＞外装」となります。

実際、ぼくの所有物件では、入居者から外装それ自体についてのクレームはほとんどないのです。外壁に穴が開いていても内覧希望者から問い合わせがきますし、入居もしてくれます。「外壁に穴が開いてますが大丈夫ですか？」と尋ねても「大丈夫です」という方もいます。

多くの人が「こんなところに住めるわけがない」と敬遠する物件であっても、「ここに住みたい」と申し出る人が一人いれば、客付けできるのです。そしてその一人というのは、きっと存在します。

ぼくは、ボロ戸建て大家を始めて以降、自分とは異なる価値観に触れる経験を何度もしたことで、これまでの常識が徐々に変わってきました。初心者は、「内覧客はまず外装を見るから、ちゃんとケアしなきゃいけない」と思いがちですが、それは単なる思い込みです。物件への評価基準は、家賃の価格帯によって変えていかなければいけません。

たとえば不動産投資関連のこの本を読んでくださっている皆さんのように、しかるべき職業に就いており、投資にも果敢に挑戦するような志の高い人は、きれいで頑丈な外装の物件を求めるでしょう。建物を評価するポイントが、ボロ戸建てに住む人とは大きく異なるのです。常識という名のフィルターを外して、自分が相手にするお客さまの感覚に馴染むのが大切です。

とはいえ、物事には限度があります。海の近くという立地にひかれて65万円で買った物件は、あまりにも外装がひどくて、さすがに手を入れました。

建物の外壁は、防水塗装の寿命が切れると、外から水をどんどん吸ってしまいます。そうすると材料は傷むし、それらを固定していたクギもゆるみ、最終的には強い風が吹いたときに外壁が丸ごと落ちてしまいます。ぼくの物件がまさにそうでした（下写真）。

そこで、ホームセンターで外壁を買ってきて壁に固定。隙間は、防水用のコーキング剤で念入りに埋めました。耐久性や耐熱がどうかという話は、職人が気にすることです。ぼくは職人ではありませんから、壁になっていることが目標です。

玄関の扉は錆びて赤茶色になり、下部の1割が無くなっていましたが、メーカー製の新品に取り換えると数十万円かかるので、ホームセンターで買った板を2枚つなぎ合わせて、D

ＩＹで新しく作りました。本当は一枚板がよかったのですが、板がクルマに載らなかったので2枚を組み合わせて造りました。

結局、費用そのものはたいしてかかっていませんが、やってみて痛感したのが、外装の修繕は、内装のリフォームと違って、作業効率が悪すぎること。たとえば悪天候下では作業ができませんし、真夏に外壁を塗ったときは、暑さに負けて上半身裸でペンキを塗っていたせいで、今度はものすごい日焼けになり、さらに熱中症になりそうでした。また、脚立を使って屋根に上るケースなどに顕著ですが、一人で作業をすると、ものすごく時間がかかり、なおかつ危険です。

ある程度経験を積んでからであれば、チャレンジしてみてもいいかもしれませんが、初心者が外装のリフォームを行うのは、得られるメリットに比べて、デメリットのほうがずっと大きいです。とくに高所作業は死のリスクがあります。死んだらすべて終わりです。よって皆さんにはおすすめできません。

話をまとめます。リフォームはとにかく内装に１００％の力を注ぎ、外装には手を出さないでください。費用対効果が低い作業はなるべく省き、その努力をもっと大事なところに振り向けてください。

ふかぽんの

リフォーム実例集

DIY三種の神器
インパクトドライバー／丸ノコ／腰袋

リビング／和室／キッチン

トイレ／洗面所／お風呂／屋根

発生したゴミの始末

DIY三種の神器①

インパクトドライバー

　ネジを素早くしっかり締めるための電動工具です。へこんだ床に新しい床板を重ね貼りするときなど、木工作業全般にわたって活躍するので、DIYリフォームに欠かせません。

　価格は5000円から数万円までピンキリですが、安いものはすぐに壊れるので、要注意です。ぼくの1台目は5000円で買った海外製品でしたが、数軒リフォームしただけで壊れてしまいました。現在はマキタの14・4V（ボルト）を使用しています。90分使える充電バッテリーが2本付いて1万5000円ほど。ワイヤレスなので電気がきていない物件でも問題なく作業ができます。

　ぼくははじめ手締めで作業してて、えらい目にあいましたが、これを使えば手動式ドライバーに比べて作業効率は200倍くらい。多少コストが高くついても、質の高いものを揃えておくといいでしょう。資金に余裕がある人は、ぜひプロも使いこなす18Vをおすすめします。

ふかぽんの頼れる相棒、マキタのインパクトドライバー14.4V

DIY三種の神器②

丸ノコ

丸いノコギリをモーターの力で回転させて材料を切断する工具です。穴が開いた壁を木材で補修するにしても、板を適切な大きさに切り分けないと始まりません。インパクトドライバーと同様、DIYリフォームにおいて利用頻度が非常に高い工具なのです。

ぼくが使用している丸ノコは、マキタの18V(ボルト)。コードレス仕様です。2万〜3万円ほどで購入できます。

丸ノコは不用意に使うと、大事故につながりかねないので、使用するときは格別の注意が必要です。使い方を誤ると、指を切り落としたり、ふとももの大動脈を切りつけて出血多量で死ぬリスクもあります。必ずYouTubeなどで正しい使用方法を学んでから、使うようにしてください。

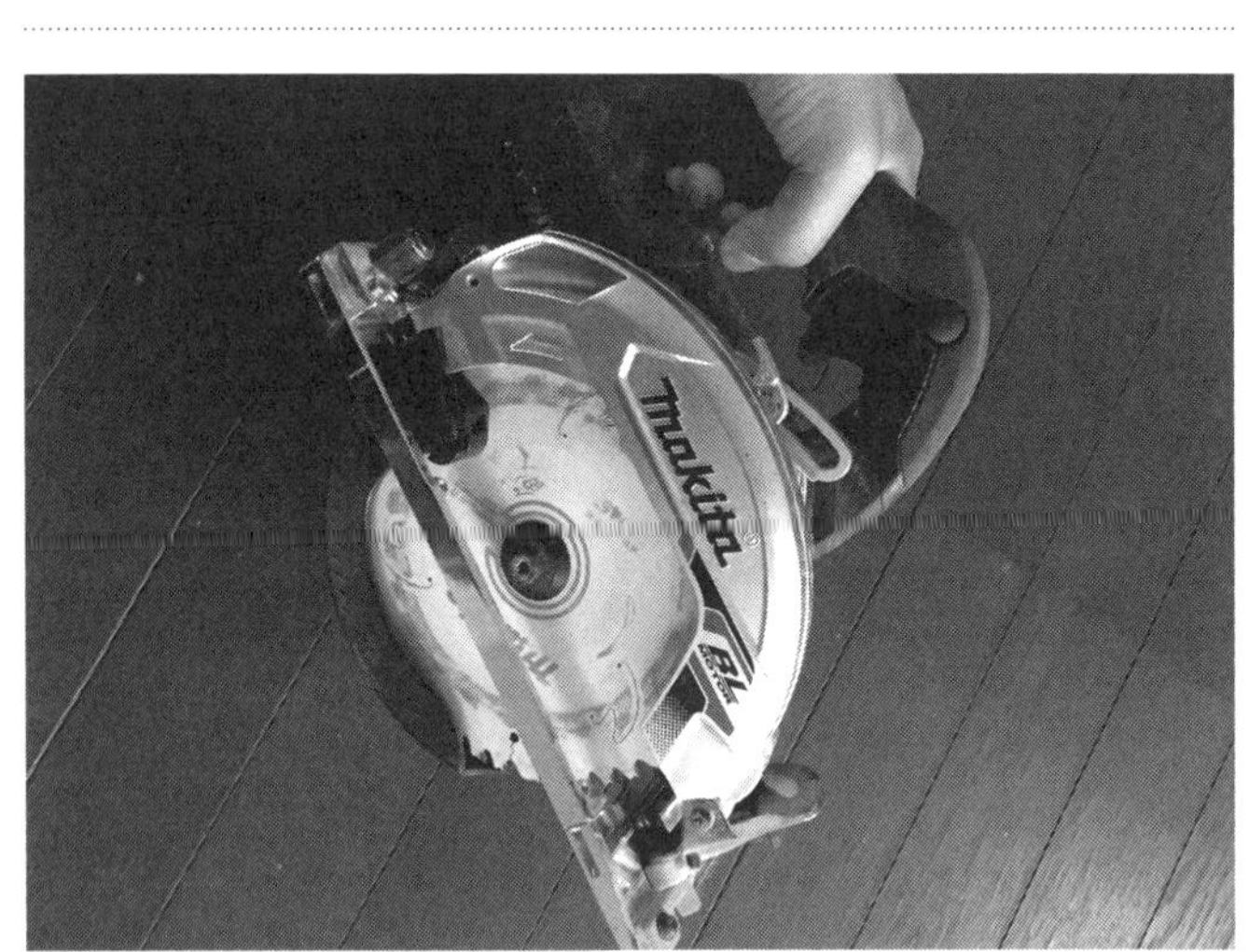

ふかぽん愛用のマキタの丸ノコ。直線のカットを早くきれいに実現

DIY三種の神器③

腰袋

リフォーム初心者は、作業中に工具を見失いがちです。使った後、何げなくどこかに置いて、後から「あの工具、どこ?」と探すことになります。時間のムダです。腰袋を使って複数のツールをまとめて肌身離さず持ち歩くようにしましょう。

腰袋とそれを体に巻きつけるためのベルトは別売りで、どちらも100円ショップで買えます。ただし安いものについては、収納力や丈夫さはそれなり。ぼくはホームセンターで買った1000円の腰袋と150

腰袋の中に入っている主な工具

0円のベルトをメインで使い、サブとして100円ショップの腰袋を併用しています。

腰袋を選ぶポイントは、大きさです。あまり大きいと洗面所やトイレなどの狭いスペースでは作業しづらい。機動性を削がない、コンパクトなサイズのものを選ぶといいでしょう。

リビング

リビングは、その家の中心です。ここをリフォームすると家全体の印象がガラッと変わります。メインとなる作業は、壁紙のチェンジです。

壁紙を貼る際は、下地処理をするのが定石ですが、ふかぽん式ボロ戸建て投資においては、そこはショートカット。壁の種類を問わず、プリント合板、ガラス、砂壁でもお構いなしで、下塗り用塗料などは一切使わず、そのまま壁紙を貼っていきます。砂壁に貼った壁紙は剥がれやすいのですが、どうしても難儀する場合は、砂壁のまま貸し出すようにしています。

では、具体的な作業について説明します。まず、壁紙を用意しましょう。壁紙発注前の部屋の採寸は、しなくてもかまいません。壁紙は、たいてい幅が91㎝ほどで、アマゾンや楽天などでは長さ15～30ｍで売られています。価格は８０００円前後。裏にノリが塗ってあるものを使えば、フィルムを剥がすだけですぐ貼れるため作業効率がいいのでおすすめです。プロが言うには、今後、何軒も壁紙を貼るようなら、壁紙の糊付け機を買ったほうがいいとのことですが、スタート時はこれで十分です。ぼくらはプロではありませんから。

たいていの日本家屋は床から天井までの高さが２４０㎝。ボロ戸建て投資が対象にするような物件では、ほとんどの部屋が６畳以下ですから、一辺の長さが２６１㎝、もう一辺が３４８㎝の長方形になります（江戸間の場合）。ちょっと贅沢な８畳のリビングでしたら、３４８㎝の正方形です。

つまり、６畳のリビングにおいては、短辺は91㎝を3回貼り、長辺では４回貼る。こう覚えておけばいいのです。８畳だったら、８回貼ることになります。30ｍのロールが1本と数ｍぶんがあれば足りることがわかります。

仮に使いきれずに残ったとしても、同じ品番で壁紙を発注し続けていれば、それは次の物件でも使えるわけですから、まったく問題ありません。作業が終了後の保管方法も、ノリが乾かないように、もともと壁紙のロールが入っていた袋に入れて密封し、また箱にしまっておきましょう。しっかり密封されていれば1年半前の壁紙でも貼れたので、保管には気をつけてください。

天井の壁紙を貼っているふかぽん。とにかく白が基本だ

壁紙を切るときに使うカッターは、刃が薄いものを選んでください。厚刃は抜けが悪く、ガタガタと壁紙にひっかかってしまい、きれいに裁断するのが難しいからです。

切る際には、フリーハンドではなく、金属製のヘラを定規のように添えます。いろいろなサイズのものを試した結果、極東産機の12番がほどよいサイズで使い勝手がいいです。

壁紙をきれいに貼る上でもっとも苦労するポイントは、部屋の角の部分です。とはいえ、基本的に相手は紙なので、折り紙と理屈は一緒です。きれいに形を出すには、きれいに折ればいい。角の部分で壁紙を折り畳んで、金属ヘラを当てて正確に切ればいいだけのこと。ひとつひとつを丁寧にやれば、誰にでもできます。

費用としては、6畳のリビングの場合、天井にまで貼ったとしても、壁紙代は1万2000円程度で済んでしまいます。

和室

日本の伝統文化をこんなふうに言うのは気が引けますが、大家の視点では、残念ながら和室は日本人にも外国人にも人気がありません。いやいやそんなことないよ！ と言う方もいると思いますが少数派です。和室のリフォームは、そのまま和室としてきれいにしたとしても、そのコストや労力に見合ったリターンが期待できないのです。

よく、古くなった畳は裏返しにすればいいと思っている人がいますが、実は畳自体に裏はありません。裏返して使うのは、表面をおおっている畳表という、いわゆるゴザの部分です。そしてこの裏返し作業ですら、どんなに安くても1畳あたり2500円はします。6畳だと1万5000円です。しかもあと何年かすれば、畳自体を新調して取り替えなくてはいけません。人気のない和室に、バカバカしい出費です。

そこでぼくがやるのは、畳の上にフローリングカーペットを敷くこと。畳が古びておらず、へこみなどがなければ、手っ取り早く和洋チェンジができて、パッと見もきれいになるのでおすすめです。費用は2万〜3万円ほどです。

ただし、畳が腐って柔らかくなっていたら、新しいものに取り換える必要があります。畳というのはお金がかかるもので、新調すると1枚あたり5000円はかかります。6畳必要ですから、合計で3万円が必要になります。

そんなコストをかけたところで、ボロい「和室」が、きれいな「和室」に変わるだけですから、やっぱりバカバカしい話です。こういう場合は、少しの手間と費用をかけて、部屋を洋室にチェンジしてしまいましょう。

和洋チェンジというと大工事のように聞こえますが、実際の作業は難しくありません。

まずは、畳を撤去します。その下には、合板などが敷いてありますので　そこに3㎝×4㎝の長い角材を渡します。これがいわゆる「根太（ねだ）」の役割を果たします。

根太の上にコンパネと呼ばれる合板を乗せ、ビスを打ち付けて固定し、その上にクッションフロアを貼り付けるだけで、床は完成です。

これでもまだ、ふすまなどの和室の要素は残りますが、それらもすべて洋室仕様に変えると、時間とコストがかさむので、おすすめできません。和室が嫌われる理由の大半は畳が原因ですから、床をフローリングに替えた時点で、目的達成と考えましょう。

6畳の和室を洋室にチェンジするのにかかる費用は、壁紙8000円、根太4000円、コンパネ8000円、クッションフロア1万円で、およそ3万円です。忘れられがちですが、古い畳は各自治体のクリーンセンターか最終処分場で処分する必要があり、1畳あたり3000～4000円ほど。高くつくので、これも計算に入れておきましょう。

古い和室は畳が沈み込む（左写真）。腐ってブヨブヨに柔らかくなった畳を除き、根太を敷いた上にコンパネを固定して洋室へチェンジ（写真右）

キッチン

キッチンは、部屋とリンクしている水まわり設備です。トイレや洗面所、お風呂と違い内覧客の目につきやすいため、最優先でリフォームしましょう。

資金に余裕がない人には、100円ショップのカッティングシートがおすすめ。キッチンの壁面に貼り付け、同じく100円ショップで売っている取っ手に付け替えるだけで、まるで新品のような見た目になります。

もしもキッチン扉を開けると内部が汚れていて、拭いてもどうしても汚れが落ちない場合は、白いスプレーで、すべて塗りつぶします。白くなっていればOKです。こうした工法であれば、一般的なサイズのキッチンだと、2000~3000円ほどでリフォームができます。

とはいえ、ボロ戸建てのキッチンは使い古されたものが多く、すぐにガタがきます。水まわりの設備は物件の印象を左右する重要なポイントですから、新調するのがベストでしょう。ぼくは投資家大家として軌道に乗り、資金に余裕ができた段階から、キッチンはほぼ新品に取り換えています。

ぼくが購入しているのは、クリナップの「クリンプレティ」というキッチンです。価格はおよそ3万8000円。ホームセンターで買えます。

ボロ戸建ての場合、新しいキッチンに取り換える作業はめちゃくちゃ簡単です。物件と一体化しているケースは別ですが、多くの場合、キッチンは床や壁に固定されておらず、ただポンっと置いてあるだけです。押せば簡単に動きます。動かないケースはコーキングを切ってあげれば動くはずです。

キッチンの排水ホースは、排水管にささっているだけだから、取り外し、取り付けを行うには何の苦労も要りません。戸建ては間口が広く、庭も広々としているので、搬入、搬出に手間取ること

キッチンは3万8000円で買える

もありません。

キッチンを新品にしたら、蛇口も「シングルレバー水栓」に交換してください。これは、ひとつのハンドルで流量と温度を操作できるタイプです。蛇口はキッチンの中でも最も入居者が触れる部分ですから、そこが新しくなっているとお客さまウケがいいのです。レバーは経年劣化するプラスチックではなく、長期間にわたって清潔さを保てるメタル素材一択。およそ７８００円のコストがかかります。

換気扇については、既存のものを活用します。カビや黄ばみが目立つ場合は、スプレーで白く塗りたくれば、ごまかすことができます。ただし、スプレーでカムフラージュできないほど汚れている、ヒモがボロボロになっている場合は、新調します。ホームセンターで、４０００円ほどで購入できます。

以上をまとめると、キッチンのリフォームにはおよそ５万円かかることになります。

トイレ

トイレに関しては、基本的にぼくはいじりません。壁紙の貼り替えのみ、というケースがほとんどです。その場合、費用はおよそ2000円で済みます。トイレットペーパーホルダーが壊れていて、取り換える必要がある場合でも、1000円ほどで購入できますから、大した出費にはなりません。

以前ぼくは、DIYで和式便器を洋式便器にチェンジするのに挑戦したことがありますが、投資家としてはまったくおすすめしません。手間と費用に対し、リターンがほとんど得られないからです。

和式便所から洋式便所にチェンジする場合、便器を撤去して取り付ける、といったシンプルな作業では終わりません。和式便所と洋式便所では、排水の仕組みや構造がまったく異なるため、前者を後者に入れ替えるには、壁や床も解体しなければいけないのです。

和式便所の場合、トイレのドアを開けると、1段高いところに便器が設置されていますよね。一方、洋式便器はフラットです。つまり、「和便洋便チェンジ」するには、階段状になっている部分をすべて壊して、新たに床を作り直さなくてはいけません。

ということは、壁も階段に合わせて作られているのですから、階段がなくなったぶんの壁も新たに作る必要が出てきます。多大なコストがかかるのがわかると思います。

そして、手間ひまをかけて洋式便所に変えたところで、物件の価値が劇的に上がり、高い家賃が取れるかといえば別の話です。トイレが洋式になっただけで、ボロ物件に変わりはないわけですから、築浅物件には逆立ちしても勝てるわけがありません。

初心者が和式を洋式に替えるべく努力をしても、

その作業だけで力尽きてしまい、ボロ戸建て投資なんてやらなきゃよかったと嘆くのは目に見えています。ですから、「和便洋便チェンジ」には手を出さないほうが賢明なのです。

しかし、どうしても和式便所が気になる場合は、既存の和式便器の上に、洋式便器のフタをかぶせるやり方があります。ぼくがよく購入しているのは、山崎産業の「リフォームトイレ　P型両用式」という商品です。ネット通販では、およそ3000円で買えます。

和式便所の上にフタをかぶせただけなので、本質的には和式便所なのですが、座り心地は洋式便所そのものなので、お客さまウケはバッチリです。この方法だと、壁紙とトイレットペーパーホルダーの新調と合わせても、およそ6000円でリフォームができます。

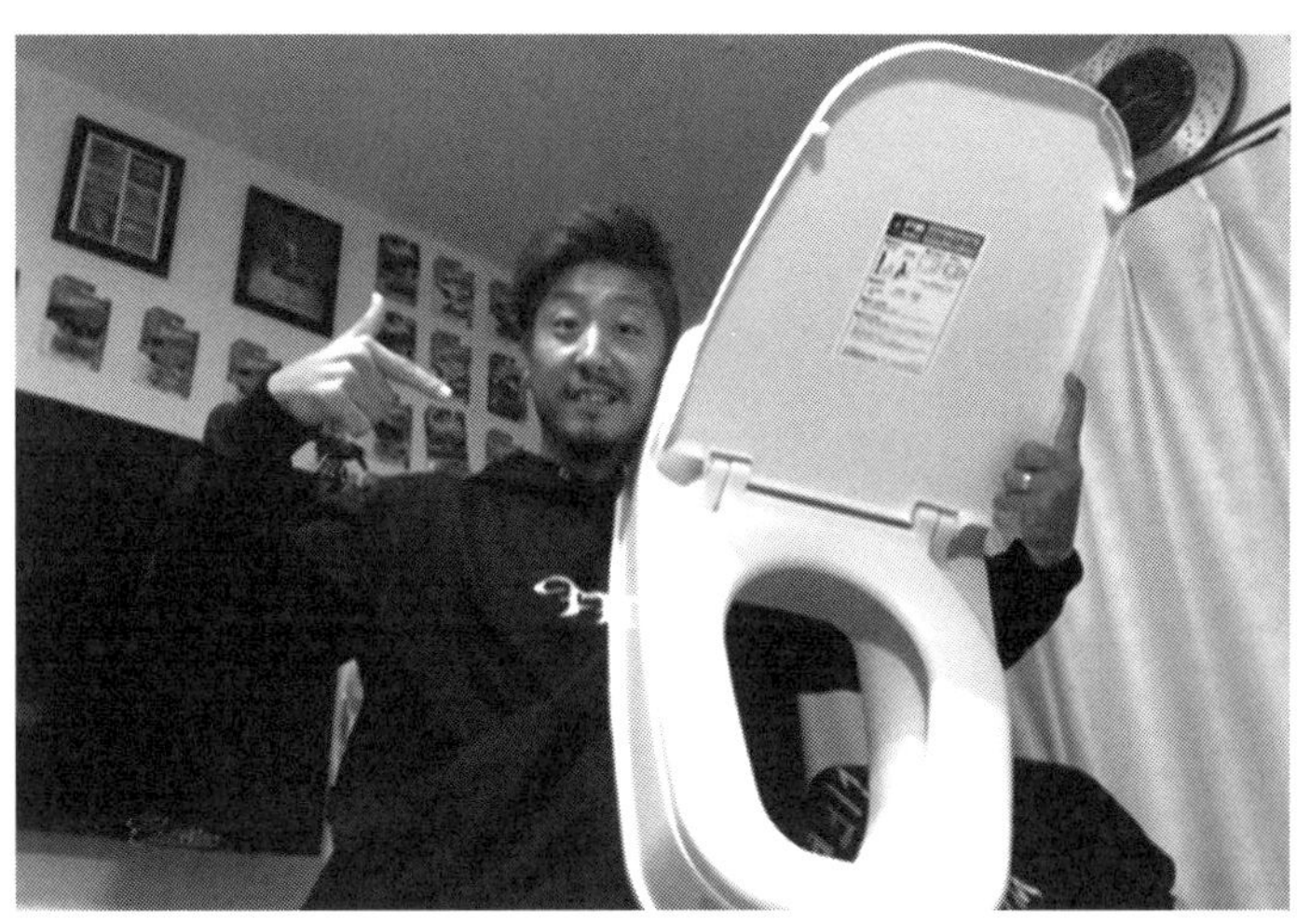

和式便器の上にかぶせる洋式便器を買って使う手もある

洗面所

ぼくはボロ戸建て投資を始めたばかりの頃から、古い洗面台は捨てて、新品を買うようにしています。不動産仲介業者の営業マンだった頃から、洗面台がボロい物件はショボく感じると常々思っていたからです。

水しか出ない単水栓の洗面台や、公衆便所みたいに丸い陶器がくっついている物件を見るたびに、「自分がいつか大家になったらここは絶対に変えよう」と決めていました。

それに、洗面台の交換はコスパが高いです。

トイレが洋式か和式かの違いは大きいのですが、洋式だった場合はどれも似たようなものなので、違いがありません。キッチンに関しても、高級住宅ならいざ知らず、ぼくらが取り扱う価格帯の物件だとどれも似通ったものになりがちで、少額でクオリティに差をつけるのが難しいのです。

しかし洗面台は部位ごとにさまざまなアレンジができるので、他の物件との違いを出すのは比較的簡単です。たとえば、鏡ひとつ取ってみても、三面鏡なのか、一面鏡なのか、防湿加工がされているのかなど、バリエーションがあります。

ぼくが洗面台にかける予算は3万円。前ページで説明したシングルレバー水栓であることと、シャンプードレッサーは必須です。

シャンプードレッサーとは、ホースが伸びるハンドシャワーが付いた洗面化粧台のことを指します。これも前ページでお伝えしたとおり、人がタッチする部分に何らかの工夫を施すと、内覧客や入居者からの印象が大きくアップするので、そこを狙っています。

キッチンに比べて、洗面台の取り付け作業は多少手がかかりますが、一人でも2時間ほどでできちゃいます。

まずは水道の元栓を締めて、家全体の給水を止めてください。洗面所には、壁面に設けられてい

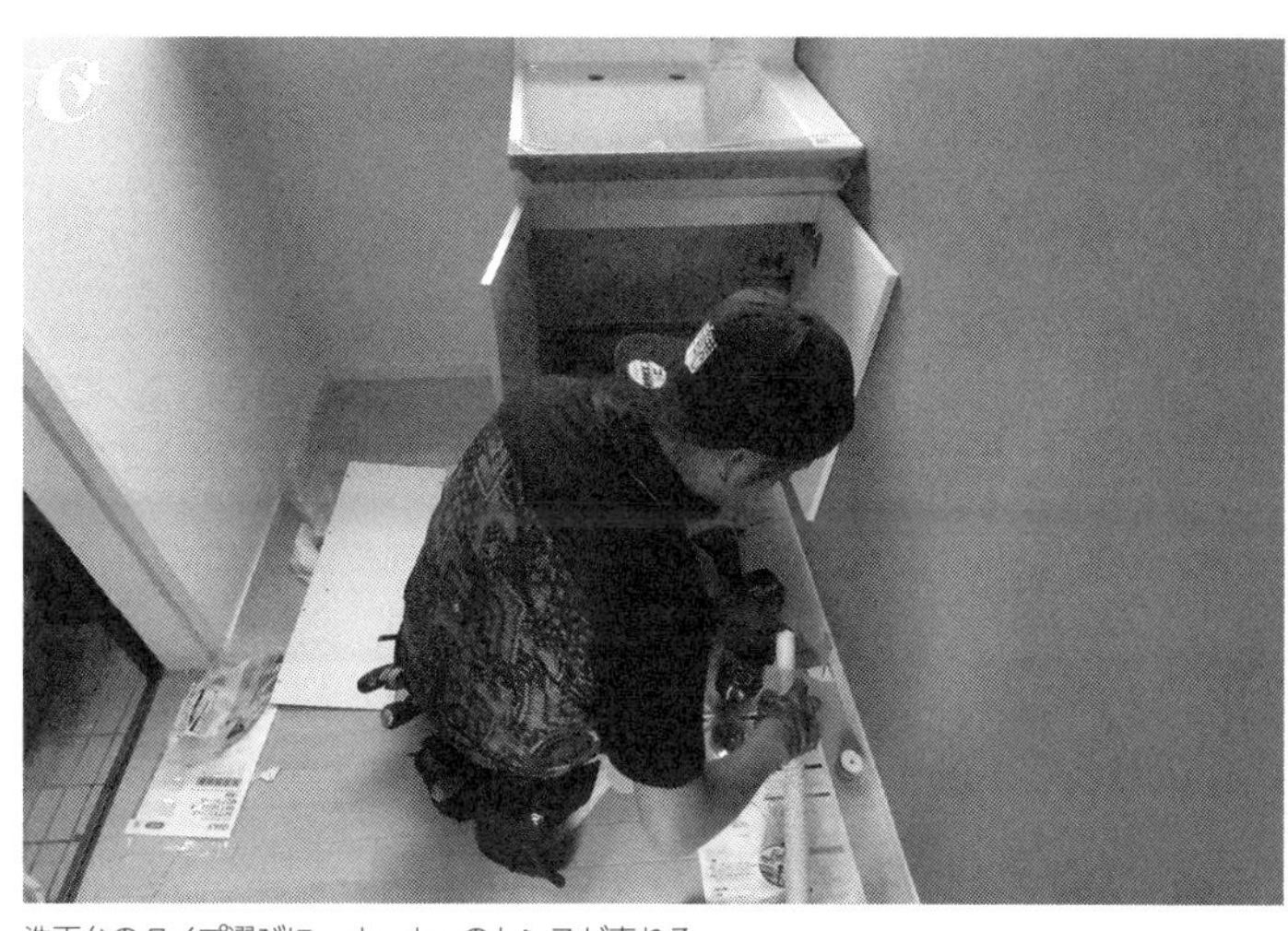

洗面台のタイプ選びに、オーナーのセンスが表れる

る給水口と、床から突き出ている排水口があります。それぞれの位置を把握して、対応する穴を洗面台の壁面と床面に開けます。このときのために、「ホールソー」という工具が必要です。ホールソーとは、インパクトドライバーの先端にはめて使う、円形ノコギリのことです。安いものでは2万2000円前後で手に入ると思います。

給水口には水栓ホース、排水口には排水ホースを取り付け、洗面台に接続すれば、水まわりの処理は完了です。説明書どおりに付属の部品を組み立てて、シャワーや鏡台を取り付け、念のため最後にビスで洗面台を壁に固定すればOKです。

すべての作業が終わったら、シンクに目一杯水を溜めた上で栓を抜いて、洗面台の下から水漏れがなければ大丈夫です。

洗面所のリフォームにかかる予算としては、洗面台の購入に3万円、壁紙チェンジに4000円ほど見積もっておけばいいでしょう。

お風呂

お風呂場をイチからリフォームするのはものすごく大変です。実際に挑戦してみたことがありますが、壁を作り、アルミ複層パネルを貼り、床に防水シートを敷き、コーキングを打って防水処理を施す作業が必要で、結局丸々2日かかりました。もうコリゴリです。

お風呂場のリフォームについては、トイレと同様に、基本的には既存のものを使う方向で考えてください。ただし古い物件はバランス釜が多く、その場合は、新品に取り換えなくてはいけません。

バスタブは安いものでは2万円から売っていますす。業者によっては、およそ4万円で取り付けまでやってくれますが、浴室にバスタブを設置する作業はまったく難しくありません。一人でもラクにこなせますから、セルフ一択です。

壁と一体化しているものは別ですが、バランス釜は、ほとんどの場合、キッチンと同じく床に置いてあるだけのことが多いです。多少の重量はありますが、成人男性であれば問題なく持ち運べるレベルです。ボイラーの接続作業はガス会社にお願いしましょう。

バスタブを無料で手に入れる手段としては、裏技もあります。プロパンガス販売業者によっては、契約を交わすことを条件に、さまざまな便宜を図ってくれますが、その中にはバスタブを無料で入れ換えてくれるケースがあります。

ただし、その見返りに10年以上の長期契約が条件になる場合や、月々のガス代が割高に設定される場合もありますから、まず一度ガス会社に相談してみましょう。もしも無償提供に対応しているようであれば、条件を聞き出し、それが呑めるようであれば利用するといいでしょう。

まとめると、風呂場のリフォームは、バスタブを新品に交換し、自分で取り付ければよし。費用は2万円ほどです。

新品のバスタブを運んできて、置くだけの簡単作業

ボロい風呂場も、バスタブが新品になっただけで印象は大きく変わる

屋根

　屋根のリフォームは気を抜くと転落するリスクがあり、命に関わるので、初心者が手を出すのは絶対に控えたほうがいいでしょう。

　とはいえ、屋根を自力で修繕できるようになれば、得られるメリットは大きなものです。雨漏り物件は格安で売られている割にはライバルが少なく、買い付けがラク。それをDIYで安く修繕して貸し出せば、高い利回りが狙えるわけです。

　ただしプロの業者に頼むと高くつきます。一般的に、屋根の「割れ・めくれ・ズレ」の修繕にかかる費用は、足場代込みで15万〜30万円ほど。リフォーム費用を20万円以内に収めるふかぽん流にはそぐわないアプローチです。

　かたや、DIYであれば、損傷具合にもよりますが、およそ2000円の費用で屋根が修繕できます。ぼくも、これまで数軒ほど屋根のリフォー

高所作業は危険と隣り合わせゆえに外注すると高くつく。DIY大家の腕の見せどころでもある

ムをセルフで行い、雨漏りを解決してきました。

ここからは、ぼくの経験に即して、屋根の修繕手順をご説明します。

まずは室内の雨漏り箇所を確認し、屋根のどのあたりが損傷しているのか、だいたいの目星をつけます。そして、足場が安定したところに脚立を立てて、屋根に上ります。ぼくが使用しているのは最長6mの伸縮ハシゴ。

一般的な日本家屋の床から天井までの高さは約240㎝ですから、床下と天井の余りを考慮しても、2階建て物件の屋根に上るなら、6mあれば十分です。ハシゴは持ち運びがラクな、折り畳めるものを選ぶといいでしょう。

瓦屋根の場合、物件にもよりますが、瓦は釘などで固定されておらず、単に置いてあるだけなので、簡単にどかせます。

瓦の下には、アスファルトルーフィングという防水素材のシートが敷いてあります。見た目は、紙と一緒です。水を通さない紙です。たいていの雨漏りは、瓦がズレたり割れたりして、年々雨水が染み、このシートが経年劣化して、穴が開いたり、亀裂が入ることによって生じます。

アスファルトルーフィングとそれを固定する木材をホームセンターで買い、損傷箇所にあてがえば、もう雨水は侵入してきません。その上に瓦を置けばミッション・コンプリートです。アスファルトルーフィング、固定用の木材ともに1000円ほどで売っており、この方法なら、リフォームコストは2000円ほどで済みます。

ぼくは他にも、トタン屋根の修繕に取り組んだことがありますが、この場合も作業はきわめてイージーです。損傷箇所に金属製の建材であるガルバリウム鋼板をあてがい、ビスで留めてコーキング剤で防水処理を施すだけ。鋼板は1㎡につき約1000円、コーキング剤はおよそ500円で、ホームセンターで買えます。

上級者になったらぜひ一度、屋根の修繕にも果敢に挑戦してみてください。

発生したゴミの始末

リフォームを行うと、作業にともなって大量のゴミが出ます。また、物件によっては前の持ち主の家具や家電が放置されたままの状態であることがよくあります。不動産業界用語でいうところの、残置物です。残置物は、一般の家庭ゴミとは異なる方法で処分する必要があります。

順当な処理方法としては、廃品回収業者に頼るか、最終処分場に持ち込むかの2つです。

手間がかからないという点では、業者を利用するのが一般的にはもっともスタンダードでしょう。ゴミの種類を問わず、分別不要で回収してもらえるし、回収作業もすべて任せられるからです。

しかし、それなりにコストがかかります。一般的には、軽トラック一台で回収できる量であれば2万～4万円ほど、2tトラックが必要な場合は、5万～8万円ほどとされています。

これでは、せっかく安く物件を買って、DIYで修繕したのに、ゴミの処理に多大なコストを割くことになりもったいない。したがって、業者に頼るのはなるべく避けたいところです。

最終処分場に直接ゴミを持ち運べば、廃品回収業者を使う場合に比べて安く処理できます。ゴミの種類や量、各処分場の規定によって料金は大きく異なるので、利用する際は近場の処分場のホームページで、詳細を必ずチェックするようにしてください。

再利用可能な残置物は、メルカリやジモティーに無料で出品するのも一つの手です。「○○を無料で差し上げます・譲ります」という投稿は反響が大きく、もらい手は案外簡単に見つかります。

ぼくはアウトドアが趣味なので、リフォームで出た木材の端材はとっておいて、まとめてキャンプ場に持ち込んで、焚き火をします。薪を買うのもお金がかかるし、木材を捨てるのもお金がかかる、ならば両者をぶつければいいのです。

家電類など燃やせない残置物は、物件の床下に収納したり、押し入れに収納して板を打ち付けることで封印してしまう方法がおすすめです。断熱、防音効果も高まります。コンクリートガラなどは

残置物や廃材を一部屋にまとめ、一定期間封印するのも手だ

処分すると本当にお金がかかるし、重くて大変なので、物件の玄関から反対側にそのまま移動して放置というパターンもあります。

ゴミの量があまりにも多い場合は、一部屋にまとめてしまい、入り口を板で封鎖してそのまま貸し出してしまうのもアリ。68ページで紹介した、閉鎖スキームの一種です。戸建ての一部屋が減ったくらいで家賃はさほど変わりません。これなら、ゴミの処理にかかるコストは実質ゼロです。

もちろん、隠しているだけですから、いつかゴミの撤去をしなくてはいけませんが、それは安定して家賃収入が得られるようになり、フトコロに余裕が出てきたらでOKです。

その際は、お客さまの移り変わりのタイミングで、封鎖した部屋からゴミを取り出して、業者に頼むなりして適切に処理をするといいでしょう。

これは資金繰りに困窮している人にとってはきわめて有効な手段なので、ぜひ覚えておいてください。

第4章

RENT～
申し込み、契約、入金はすべて同時に行う

❶ リフォームが不完全でも募集をかける

ここからは「RENT」、物件の貸し付けについて説明していきます。購入した物件をお客さまに借りてもらうためには、入居者を募る必要があるわけですが、いったいどのタイミングで募集するのがベストなのでしょうか。

「物件のリフォームを終えたとき」でしょうか。違います。「リフォームに着手して、だいたいの終わりが見えはじめたとき」でしょうか。それも違います。

正解は、「物件を買ってすぐ」です。

リフォームの見通しなどとは関係なしに、物件を買ったら、ソッコーで募集をかけてください。「リフォーム前なんだから絶対に決まるわけがない」と思った人は、まだボロ戸建て投資家のマインドを理解できていません。その物件に住むかどうかを決めるのはあなたではなく、あくまでも入居者さん自身です。ぼくらの目から見て、どんなにヒドい状態の物件であっても、見る人が見れば住むに値するかもしれないのです。

リフォームが不完全な状態で内覧客を迎え入れるのは不安かもしれません。ですが、それは要らぬ心配です。その場合は、リフォームをせずとも物件を貸し出せるチャンスが訪れたと思って、喜んでください。

物件を買い付けたらソッコーで募集をかけるメリットは、「契約が決まる確率が上がる」ということに尽きます。当たり前のことですが、どんなにいい物件でも募集をかけなければ絶対に決まりません。裏を返せば、リフォームが不完全な物件であっても募集さえかければ、決まる可能性があります。

まずはあなたの商品を一刻も早くバッターボックスに立たせてあげてください。

売買契約を終えて物件の鍵をもらったら、その足で物件に向かい、現地にキーボックスと募集の看板やのぼりを立て、即募集開始。これがふかぽん流のやり方です。そして狙いどおり、すぐに賃貸契約が決まる場合に備え、「家賃保証会社への連絡」と「契約書の作成」はいち早く済ませてください。

家賃保証会社は、家賃の滞納などが発生した場合、入居者に代わって大家に家賃を支払ってくれる会社です。ぼくは万が一に備え、入居者さんには必ず加入してもらっています。保証会社の重要性については、のちほど146ページで説明します。保証会社への連絡は入居契約の前に行う必要があるので、物件を買ったらすぐに動いてください。

また、契約書の作成も急いでください。イチから作るのは手間ですが、国土交通省が作成している「賃貸住宅標準契約書」というひな型はネットで無料ダウンロードでき、信頼できるフォーマットなので、活用するといいでしょう。

次に物件の募集方法を説明していきます。主な募集方法は次の3つです。

①不動産仲介業者経由での募集
②ジモティーでの募集
③現地募集

①と②に関しては、それぞれこの後のページで詳しく解説します。差し当たり、いずれにおいても募集には物件の内観写真が必須です。ぼくはリフォーム前だろうが構わずに、ありのままの状態の写真をアップしています。それでも決まるときは決まります。リフォームが終わり次第順次、リフォーム後の写真に差し替えていけばいいだけです。

③の現地募集は、現地に募集ののぼりを立てたり、看板を立てて、物件の近隣住民に訴求する募集方法です。ぼくはよく、入居者募集のチラシをラミネートして、物件の外壁を埋め尽くすほど、とにかくたくさん貼りまくります。目立たせてナンボですから、近隣住民が「異常事態」だと思うくらい、派手に募集すると効果的です。

実際、現地募集はバカにできません。不動産仲介業者やジモティーを経由した募集よりも、現地募集は契約が決まる確率が高いのです。

写真や図面だけで物件を判断し、問い合わせてきた人とは異なり、現地でボロボロの外観を直に見ているわけですから、ある程度内装がととのっていればほぼ決まります。したがって、決して軽視することなく、現地募集にも全力で取り組んでください。

それに、リフォーム作業のために物件に出入りしていると、近隣住民の方と雑談を交わす仲になり、そこから契約につながるケースもあります。リフォーム作業を興味津々な様子で見ているおばちゃんに声をかけ、話をしていると「実は物件を探している親戚がいるんだけど……」という嘘みたいな展開がごくまれに起きるのです。周りにいる人は全員が入居者候補だと考えておきましょう。

最初の家賃設定は相場より6000円くらい高くつける

客付けにおいて、家賃設定は非常に大事です。できるだけ高い家賃で貸したいというのが全世界の大家の思うところでしょう。ですが、相場から家賃が1万円高いだけで、その物件によほどの価値がない限り客付けに苦戦するという現実があります。攻めと守りのバランスを上手にとるのが大切なのです。

ここでは、知っておくと客付けを有利に進められる、ふかぽん流家賃設定のコツをご紹介します。

ぼくのやり方は、まず同じエリア、同じ間取り、同じ最寄り駅までの距離の新築物件を探します。「SUUMO」「ホームズ」「アットホーム」の3サイトをチェックすればOKです。これ以上の家賃設定は厳しいと思ってください。

要はこれが家賃のアッパーです。

続けて、家賃が安い順に並び替えます。すると築年数の古いボロ物件が出てくると思いますが、それがそのエリアにおける家賃の底値です。

最高値と最安値がわかったところで、今度は競合物件の家賃相場を調べていきます。自分の物件とほぼ同じような条件で検索してみてください。上記サイトでは築年数から、駐車場の有無まで、細かく条件を設定できます。そこで出てきた数字、それがあなたが得られる家賃の現実的な金額です。時間がない人は、この金額を調べるだけでもいいのですが、初めは相場感覚を把握するために、最高値から最安値まで広く調べるのがおすすめです。

こうしたライバルたちの情報を踏まえて、家賃設定をしていくわけです。その際のポイントは、相場と思われるラインよりも6000円高く募集を出して、様子を見ながら3000円ずつ段階的に下げていくことです。

「相場よりも高く出したら見向きもされないのではないか？」と思われるかもしれませんが、そんなことはありません。高めの家賃設定で募集しても、決まるケースはよくあります。なぜなら、お客さまの中には「今すぐに、このエリア、この間取り、この設備の物件に住めれば、相場よりも多少高くても構わない」という人がいるからです。

マンションやアパートと違い、戸建て物件にはオンリーワンの価値があります。たとえば内装がボロボロのマンションの一室を貸し出す場合、同じ施設内に比較的きれいな部屋があれば、お客さまは必ず両者を比較します。そして前者を後者よりも高い値段で借りることはないでしょう。

しかし戸建ての場合、同じ間取り、同じ立地の物件は存在しないので、他の物件との比較が成立しません。戸建て物件は、お客さまのニーズにフィットさえしていれば、割高な家賃設定でも契約がとれる確率が高いのです。これは多くの人にとって盲点だと思うので、ぜひ覚えておいてください。

相場よりも割高な家賃で募集に出したはいいものの、問い合わせがなかなか入ってこない場合は、どのタイミングで家賃を下げればいいのでしょうか。答えは、あなたの懐事情によります。余裕がある人は、2年でも3年でも、高く借りてくれるお客さまを待てるだけ待つといいでしょう。資金面に余裕がなく、すぐにでも物件をキャッシュマシーン化したい人は違う戦略をとる必要があります。

もしもあなたが一刻も早く家賃収入を得たいならば、相場よりも6000円高い値段で募集に出して、2週間が経過しても契約が決まらなかった場合、まずは3000円、家賃を下げてください。2000円ずつ3段階で調整するのもいいですが、家賃2000円引きではインパクトが弱いので、3000円がベターです。また、1週間では見切りが早すぎるので、2週間くらいは様子を見てください。

2週間スパンで家賃を下げることは、不動産仲介業者にインパクトを与えるという効果があります。「本気でお客さまを取りにきてるんだな」「いざとなれば家賃を動かす人なんだ」という印象を与えることで、営業の選択肢に入れてもらいやすくなるのです。

もちろん、デキる営業マンから「交渉すればまだ2000〜3000円は下がるな」と足元を見られる可能性はあります。実際に不動産会社の営業マンだった頃のぼくは、そう思っていました。しかし、それを考慮しても「この物件は交渉が可能だぞ」と営業マンに認識してもらうことで、営業の優先リストに入れてもらえる確率は格段に上がるので、メリットしかないといえるでしょう。

まとめます。家賃設定を相場より高くしておいて、即決まればラッキーですし、決まらなければ下げられる余裕があります。お客さまから家賃交渉の相談を受けても、迷うことなく下げられます。

家賃設定を情報公開後に上げるのはデメリットが大きいですが、下げるのは簡単です。最初は試し玉だと思って、すこし高めに設定するのがベターです。この方法を使って、攻めと守りのバランスを上手にとっていきましょう。

周辺相場は気にしなくてOK!? 上級者の値付けテクニック

122ページで説明したことをもう一度繰り返します。マンションやアパートと違い、戸建て物件にはオンリーワンの価値があります。このエリア、この間取り、この設備の物件に住めるのなら、相場より高い家賃を払ってでも、今すぐに住みたい! そう思う人が必ず一定数はいるということです。

そして、ボロ戸建て投資の上級者になればなるほど、自分の物件ならではの独自の価値を見出して、周辺相場を気にせずに値付けができるようになります。さらに、しっかり客付けもできます。具体例を示します。

ぼくが所有している物件の中でも、一、二を争う稼ぎ頭になってくれているのは、茨城県にある1LDKの戸建てです。ぼくはここを7万8000円で貸しています。駅から遠く離れた、へんぴなエリアにあり、内覧時には室内に虫の死骸が散乱していました。そんなスペックにもかかわらず、おそらく競合物件の家賃相場の倍くらいで貸し出せています。

元は100万円で買った物件ですが、リフォームらしい作業はほとんどしていません。壁紙を新しくして、簡単なクリーニングをしただけですから。表面利回りは93・6％です。

なぜそんな大胆な値付けができたかというと、1階部分がすべてシャッター付きのガレージになっていたから。田舎では駐車場付きの物件は珍しくないですが、シャッター付きのガレージがある物件は、そう多くありません。雨ざらしにならないので車体をきれいに保てますし、愛車とひとつ屋根の下で暮らせますから、きっと車好きにとっては大きな魅力だろうと考えたのです。

そしてぼくの思惑どおり、この物件は個人で車の修理や板金をするほどの「車マニア」の方に貸し出すことができました。

他にも、「駐車場複数台」「内装が吹き抜けになっている」「大きな庭がある」といったファクターも、戸建ての唯一性を強め、高く貸し出すための武器になります。「ブランコ付き物件」などがあれば面白いかもしれません。

あなたにとっては値打ちがなくても、それに価値を見出す人がいるかもしれないのが、不動産投資の醍醐味。どういった人になら需要があるかを、想像することが大切です。

3 仲介手数料不要のジモティーを使いたおせ

物件の客付けにおいて、主力になるのはインターネットを使った募集方法です。実際、皆さんは引越しを検討する際、まずはネットでめぼしい物件を探すのではないでしょうか。

国内の代表的な物件情報サイトは「SUUMO」「ホームズ」「アットホーム」の3つですが、いずれも掲載されているのは、不動産業者が管理する物件のみとなっています。つまり、大手サイトに物件情報を掲載してもらうには、基本的には不動産業者を経由する必要があり、大家個人が直接掲載を依頼することは難しいのです。

そこで活用したいのがジモティーです。ジモティーは個人オーナーが無料で利用できるのに加え、ユーザー数が多いので、うまく使えば最強の武器になります。実際にぼくがこれまで客付けに成功してきた25軒のうち、半分以上はジモティーからの問い合わせがきっかけです。ジモティーがなければ、現在の成功はないと言っても過言ではありません。

ジモティーの一長一短と、上手に使いこなすためのコツをお教えします。

ジモティーの最大の魅力は、不動産仲介業者を介さずに、お客さまと直接やりとりができるという点に尽きます。近年はジモティー経由であれば仲介手数料が不要であることを知った上で問い合わせをしてくる人も増えています。大家の側も不動産仲介業者に払う広告宣伝費を払っている場合はカットできます。入居者と大家のお互いにとって大きなメリットなのです。

ジモティーの良さは他にもあります。大家の裁量で内覧客とスピーディに交渉できることです。たとえば、内覧客から「借りたいけど家賃が高い」などと渋られる場合を想定してみましょう。「検討中の他の物件が同じくらいの広さで、4万8000円なんですよ」と言われた場合、「じゃあうちは4万7000円でいいですよ」と切り返せば、一気に形勢逆転。うまくいけばその場で契約がとれちゃいます。

不動産仲介業者経由の問い合わせではそうはいきません。家賃を下げるためには不動産仲介業者の同意を取り付ける必要があり、そもそも内覧客への対応は不動産仲介業者の営業マンが行うので、大家がお客さまと直接やりとりする機会はありません。

また、ぼくはジモティーを利用する際には必ず「礼金1、敷金0」で募集をかけています。敷金はあくまで「担保」として入居者から「預かっている」お金であるため、退去時には基本的に「返す」必要がありますが、礼金は１００％大家の実入りになるからです。

しかし、不動産業界の慣行では「礼１、敷０」は基本ありえません。ほとんどの業者は「礼金じゃなくて、敷金でもらって」と口出しします。ぼくも以前は業界の内側にいたからわかるのですが、不動産仲介業者は頭が固く、イレギュラーな対応を嫌うのです。その点、ジモティーは不動産仲介業者の干渉を受けずに、募集内容を自由に調整できるので、大家の裁量で客付けを有利に進められます。以上がジモティーのメリットです。

一方、ジモティーにもデメリットがあります。それは利用客にひとクセある人が多いことです。

内覧予約をドタキャンされることは日常茶飯事。契約の際に必要な書類や印鑑を忘れてくるなんてトラブルはまだマシな部類です。

無職の人や水商売の人、高齢者など、いろいろな人から問い合わせがあります。そんなひとクセある人たちと話をして、無事に契約までこぎ着け、長きにわたって家賃をいただくのは意外と大変なのです。しかし、このようなデメリットも、考え方次第ではメリットになります。

以前、ぼくが主宰している不動産投資塾（FFC）の受講者の物件に、ジモティー経由で問い合わせがありました。話を聞くと、その人はなんとペットを15匹も多頭飼いしていたそうです。「こんな人に貸したら再起不能なまでに物件をボロボロにされてしまう」と、契約はおじゃんになったのですが、もったいない話です。ぼくだったら不利な条件は認識し、そのぶん、ある程度高い家賃をとって、入居契約につなげたと思います。

ペットの多頭飼い入居希望者となると、不動産仲介業者にあたっても、貸してくれるところはまず見つからないはずです。だからこそジモティーで物件を探しているわけです。まずその前提をお互いが共有しなければいけません。

ぼくだったら「あなたが住める物件は、おそらくほとんどないですよ」とピシャリと言ったと思います。その上で、「それでもうちは受け入れますよ」ということを伝えてあげると、悪くはない条件で契約がとれるはずです。借りられる物件が限られているような「クセの強いお客さま」は、勇気をふりしぼって強気で対応することで、お得意さんに変わります。その点を踏まえて、ぼくはよく「ジモティーはナイフ」と言っています。使い方を間違えればケガをしますが、適切に使えば多くの利益をもたらしてくれるのです。

ネット募集で勝つにはいい投稿をマネる

ジモティーがいかに多くのメリットをもたらしてくれるかを、理解していただけたと思います。とはいえ当たり前ですが、何の工夫もせずに物件情報をジモティーに掲載しただけでは、問い合わせのパフォーマンスはイマイチです。

ぼくも始めたては反響が少なく、苦戦をしました。しかし、募集方法を試行錯誤した結果、ジモティーからの問い合わせがグンと増えました。最速では、投稿後たったの13秒で問い合わせが入ったこともあります。

ネット募集の大原則は、とにかくクリックしてもらうことです。あなたの物件がどんなに安くて、きれいで、魅力的な物件であっても、知られなければ意味がありません。画面をスクロールする手を止めるためには、キャッチーな文言とインパクトのある写真を掲載するに限ります。

キャッチーな文言を考えつくためには、ある程度のセンスが必要です。ただしセンスがない人でも、ネット募集で勝つことは可能です。

そのためにはどうすればいいのか。まずはジモティー内で自分の物件と似たような条件の不動産を探し、その中でも目を引く文言や、「いいね」がたくさんついている投稿を見つけて、四の五の言わずにマネるのです。

かつてぼくは、ジモティーからの問い合わせが伸び悩んでいた時期に、自分なりに「センスがいいな」と思った文言や、利用者から高評価を得ている投稿の見出しをコピーして自分流にアレンジを加え、再投稿したことがあります。すると、修正前と同じ物件、同じ写真のはずなのに問い合わせが急に入るようになったのです。

どんな分野にも通じるノウハウですが、「まずはマネる」というのは非常に効果的だと思い知りました。よく師弟関係で「守破離」という言葉を耳にしますよね。「守」は、師匠の言いつけを守る。「破」は、師匠とは違う技や道に進む。「離」は、自分の道を進むことを意味します。この言葉からもわかるとおり、まずは師匠の言いつけを守ることから始めるのです。ぼくなりに言い換えると、「師匠をコピーする」ということです。

評判のいい投稿をマネてコツを学んだことで、現在では、ぼくの投稿はたくさんの人にマネされるようになりました。実際ジモティーを見ると、ぼくの投稿にそっくりなものがいくつも目に入ります。

そんなぼくがネット募集でよく使うフレーズは、「㊢」「爆安」「地域名」「間取り」「戸建て」です。とくに「㊢」は「得」という文字を赤丸で囲んだキャッチーなビジュアルなので、きわめてインパクトがあります。これに加えて家賃も書けば効果的です。たとえば、「㊢3・9万爆安越谷戸建て」といった具合にです。どうですか、なんだかクリックしたくなるでしょう?

ここに、絵文字をいくつか加えるとなおよしです。堅苦しい投稿ではなく、かわいい投稿のほうがウケがいいので、その辺も意識してください。

また、物件のいちばんの魅力をアピールすることも忘れずに意識してください。これは、意外にできていない人が多い印象です。なにが「いちばんの売り」なのか、圧倒的に他の物件と違うところはどこか? 自分の物件は客観的に見るのが難しいものです。

ガレージ付き? 駅近? 安さ? 広さ? ……とにかくいちばんになれるポイントを探して、それをアピールしてください。多少オーバーな表現でも良いと思います。ぼくは実際に、初期費用が安い物件で、次のような見出しをつけたことがあります。

「敷金、礼金、仲介手数料、更新料なしなしなし！　全部無料！」

この投稿はたくさんの問い合わせを受けました。「何事だ!?」と一瞬でも興味を引かせればこっちのものなのです。

文言と並んでトップ画像も大事です。内観でも外観でも構いません。画像は必ず加工してください。特殊なアプリを使う必要はありません。スマートフォンにデフォルトで備わっている画像アプリで、限界まで明るさを上げて、彩度をアップするだけでＯＫです。これだけの手間で見違えるようにクリアな印象になります。写真は、女性のメイクのように、盛って載せる。これが基本です。

ここで説明したことを素直にマネるだけで、簡単にライバルを出し抜くことができます。実際にジモティーを見てもらえればわかりますが、９割９分の投稿は写真も見出しの文言もこなれておらず、はっきり言ってセンスのないものばかりです。そのうちごく一部の優れた投稿を見習って、少しの手間ひまを怠らなければ簡単に抜きんでることができるのです。

5 物件情報は必ず木曜の午後に業者にＦＡＸ

物件の募集方法について、「現地募集」と「ジモティーでの募集」を詳しく説明したので、次は「不動産仲介業者経由での募集」で成功確率を上げるコツをお教えします。

不動産仲介業者のもとには毎日たくさんの図面が集まってきますが、営業マンはそのすべてにじっくり目を通すことはしません。彼らは、数ある物件の一部だけを頭にインプットして、自分の営業リストに加えていくのです。したがって、「不動産仲介業者経由での募集」においては、自分の物件を営業マンにいかに認知してもらい、お客さまに紹介してもらえるかが勝負の分かれ目になります。

ボロ戸建て投資の初心者におすすめなのは、不動産仲介業者の店舗に実際に足を運び、物件の図面を見せて、頭を下げて募集のお願いをする方法です。間違いなく営業マンの印象に残ります。ただし、いきなり訪問しては相手の時間を強制的に奪うことになるので、慎重に行うのがポイントです。訪問した際に、先方が少しでもうっとうしそうな反応を示した場合は、そっと図面を置いて即退店してください。

不動産仲介業者からすると、忙しい時間帯に来られると本当に迷惑です。自分の熱意を伝えることは大事ですが、その前に、それを受け取る側の気持ちも考えましょう。もし、ちゃんと対応してもらえたなら、帰り際に「お忙しいなか、お時間いただきありがとうございます」ときちんとお礼を伝えるのも忘れないでください。

実際にぼくは、業者まわりをしたことによって、不動産仲介業者経由で内覧や申し込みをもらう機会がグンと増えました。確実に効果はあります。しかし、いかんせん時間効率はよくありません。近隣の不動産業者を一軒一軒まわるのはとても骨が折れることです。とくにサラリーマン大家の人は、実践したくても、現実的に難しいかもしれません。

そこでぜひ活用してほしいのが、ＦＡＸです。

え？　インターネットのこの時代にＦＡＸ？　メールじゃなくて？　……そう思った人は、この業界をわかっていません。メールアドレスを公開している不動産仲介業者はほとんどありません。最初のコンタクトのツールとしては、ＦＡＸを使ってください。物件の図面を近隣の不動産業者に片っ端からＦＡＸすることで、短い時間で、物件の存在を認知してもらいましょう。

ただし、ここで重要なのはＦＡＸを送るタイミングです。ぼくは必ず、木曜日の午後に各不動産仲介業者に物件情報をいっせいにＦＡＸするようにしています。そうすることによって、直接店舗に足を運ばなくとも、自分の物件が営業マンに認知してもらえる確率が格段に上がるのです。

でも、いったいなぜ木曜日の午後なのか。その根拠を説明します。

不動産仲介業者は水曜日を定休日にしているケースが多いのをご存知でしょうか。水曜日が休みということは、木曜日の朝に出社してＦＡＸをチェックしようとすると、休みのうちに届いていた図面が山のようになっているわけです。営業マンは休み明けでエンジンがかかっていないこともあり、火曜日の夜から木曜日の朝にかけて届いた、山積みの図面に対しては注意散漫になりがちです。これは、不動産仲介業者に勤めた経験のある人ならば、たいてい共感してもらえると思います。

つまり、営業マンが仕事モードにスイッチが入り、新しく届いたＦＡＸに真剣に目を通し始めるのは、木曜日の午後になるということです。そしてこの時間帯は、営業マンの決戦日からの逆算という点でも大きな意味があります。

不動産仲介業者の営業マンにとって、決戦は週末です。内覧客の数は平日に比べて土日がケタ外れに多く、営業マンは土日の決戦に備えて木曜日と金曜日に物件情報のインプットに励みます。お客さまから問い合わせがあっても対応できるように、頭の中に複数の物件を仕込んでおくのです。

しかし、実際には金曜日のインプットではちょっと遅いのです。なぜならデキる営業マンであれば、木曜日に目星をつけた物件は、金曜日を使って下見に行くからです。以上の点を考慮すると、木曜日の午後にＦＡＸするのが営業マンに物件を認識してもらうのにもっとも効果的なタイミングであるとぼくは考えます。

大家業においてＦＡＸは欠かせませんが、電話回線を引くとムダなランニングコストが生じます。そこで、インターネットＦＡＸを活用してください。パソコンやスマホがあれば、一回10円ほどのコストで利用できます。文書をわざわざ紙にする必要がなく、メールのように複数の送り先に一斉送信できるので非常にラクです。

ぼくは以前、コンビニのＦＡＸで各不動産仲介業者の番号を一件ずつ入れて、1時間ほどかけて図面を送信していましたが、インターネットＦＡＸを使い始めてからは作業効率が段違いにアップしました。まさに文明の利器。皆さんもぜひ活用してください。

「ここに住みますか?」と絶対に聞かない

ここでは内覧時のお客さまへの対応術、その場で契約をとるためのコツについてお教えします。

不動産仲介業者に内覧希望の問い合わせが入った場合、顧客対応はすべて不動産仲介業者の営業マンが行うため、基本的には大家が内覧や契約の場に立ち会うことはありません。一方、ジモティーや現地に立てられた入居者募集の看板を見て問い合わせをしてきたお客さまに関しては、内覧から契約まですべて大家本人が対応する必要があります。

ボロ戸建ての場合は、一般的な不動産投資に比べると、不動産仲介業者経由での問い合わせよりも、ジモティーや現地募集からの問い合わせがより大きなウェイトを占めます。したがって、ボロ戸建て投資家は内覧時にいかにうまく立ち振る舞い、お客さまに「この物件に住みたい」と思ってもらえるかどうかが、客付けを成功させるためのキーポイントになるのです。

かといって、必要以上に張り切って、物件の魅力をくどくどとプレゼンする必要はありません。選んでもらうには、物件のアピールポイントをやたらとぶつけるのではなく、相手の話をよく聞いてあげるのが成功への第一ステップです。この人はどういう状況にあり、何を求めて、この物件を見にきたのか。まずそれを理解しないと、契約に導くための本質的な話はできません。そしてお客さまのニーズをしっかり把握し、適切なタイミングで、適切な提案ができるかどうかです。せっかく直接会って話す機会に恵まれたわけですから、要所要所で攻めていきましょう。

こうしたお客さまのニーズを知る上で重要なのが、競合との比較です。

内覧客にとって、あなたの物件だけが候補ではありません。ひととおりあなたの物件を見終わった内覧客から「検討します」と言われた場合、それは競合の候補物件と比べて劣るところがあり、大人の優しい「NO」のサインが出たということです。

だからぼくは「検討します」と言われた場合、「わかりました。ちなみにどこがお気に召さなかったですか?」とか、「他に物件をチェックしていると思うんですけど、この物件よりもその物件が優っているポイントはどこですか?」などと、「NOの理由」を聞くようにしています。その返事次第では、適切に切り返すことで、競合を蹴落として契約をもぎとれる可能性があります。

以前ぼくは、「検討します」と言って帰ろうとした内覧客に理由を尋ねたところ、「他に2軒候補があって、それを見てから決めたい」と言われたことがあります。競合物件は広さも家賃もあまり変わりがないのですが、収納スペースが広めのようでした。ぼくはそれまでに交わしていた会話から、相手がＤＩＹに凝っていることを把握していたので、この勝負はひっくり返せると思い、次のような提案を投げかけました。

ふかぽん「うちの物件だったら、お庭に倉庫を新しく建てても構いませんよ。ご自分で作ってもらって結構ですし、とくに制約は設けません。好きにやってもらって結構です」

内覧客「……（眉が少し動く）」

ふかぽん「ぼくは不動産会社で働いた経験があるからわかるのですが、普通のオーナーだったら庭に新しく倉庫を建てるのを嫌がりますよ。でも念のため、他の2軒でＯＫが出るかどうか、仲介の不動産業者に電話をして確認してみたらどうですか？」

このときはちょうどお盆期間中だったこともあり、不動産業者に電話はつながりませんでした。そこで追い打ちをかけます。

ふかぽん「〇〇さんは、早く入居したいわけですよね。庭に倉庫が作れる確率が限りなく低く、なおかつ仲介手数料をとられるような物件を待つのは、〇〇さんにとってメリットがないのではないですか？」

内覧客「……（目線が泳ぐ）」

この一言が刺さりました。結局そのまま他の2軒を見ることなく、ぼくの物件にその場で入居を決めてくれたのです。

ここで大事なポイントは、内覧客に「ここに住みますか？」と決して聞かないことです。

ゴール目前まで誘導してあげて、最後の一手だけは相手に決めさせてください。なぜなら、最後に自分で選んだ「YES」は、他人に強要された「YES」よりも強いものになるからです。「ここに住みますか？」ではなくて、「まあどっちでもいいですけどね」と言って軽く突き放す。このくらいのさじ加減がベストです。

まとめます。内覧の際は物件のプレゼンに必死になるのではなく、お客さまのニーズをしっかり聞いてください。そして「検討します」と断られそうになったときは、その理由を伺って、聞き出したニーズを踏まえて適切な提案を投げかけるのが大事です。そしていよいよ契約が決まりそうになったとき、最後は必ずお客さま自身に決断してもらう。以上の流れを実践することで、内覧客との交渉はスムーズに進められるはずです。

申し込み、契約、入金はすべて同時に

入居者募集の広告を見たお客さまから問い合わせを受け、内覧から申し込みを経て、契約書にサインをもらってゴールイン。これが一般的な客付けの流れです。しかし、申し込みから契約までの期間が長い場合、キャンセルになるケースが多々あります。

人の心は移ろいやすく、一度は自分で決めたことでも時間が経つと迷いが生じます。あるいは、家族や友達の反対意見に流されたりもします。そうして「やっぱり、やめた」と決断をひるがえしてしまうのです。

それを何度も経験した結果、ぼくは「申し込み、契約、入金」という3つの手続きをすべて同時に行うことにしています。

まず、内覧日をいつにするかをお客さまと話した段階で、初期費用（初月分の家賃とひと月ぶんの礼金）の現金とハンコを現地に持参するようお願いしておきます。そして、内覧当日、物件を見て入居を決意したお客さまに、その場で契約書にサインをしてもらい、初期費用の入金までワンセットで済ませてしまえば、お客さまの脳裏からキャンセルという選択肢は消えます。

その場で契約書に署名し、初期費用を支払うことに抵抗感を示す相手もいるのではないか。そう思う読者さんもいるでしょう。大丈夫です。「内覧の場で、申し込み、契約、入金のすべてを済ませてもらう理由」をちゃんと説明できれば、なにも文句を言われることなどありません。そもそも物件を気に入ってすでに申し込みをしているのだから、それからいったん帰って後日改めて契約する理由などないのです。

もしその場での即断即決の契約を渋られた場合、ぼくがよく使うのが、次の内覧者がいた場合は「実はこの後、もう一人、内覧の予約が入っているんですよ。おそらくその人、その場で契約を決めると思うんですよね」とか、「他にも、検討している人がいるんですよ」などのフレーズです。

「今、この場で決めないと、他の人に取られてしまう」ということをやんわりと伝えてあげれば、たいていの人はすぐに決断してくれます。ここで、ＹＥＳ／ＮＯがはっきりします。

ここで決断してくれたとはいえ、中には、ハンコを忘れてくる人もいます。その場合は、拇印（親指の先に朱肉や墨をつけて印として押すもの）でも構わないので、とにかく契約書にハンをもらってください。

現金を持参するのを忘れた人の場合は、一緒に近くのATMまでついていきます。「振る舞いが借金取りめいていて嫌だ」と抵抗感を示す人もいるでしょう。しかし、お金を誠実にやりとりした実績の積み重ねがお互いの信頼を築いていくものです。お金にしっかりした大家だと思ってもらうためにも、お金についてはシビアに進めるのがいいでしょう。PayPayやネットバンク振り込みを使用してもかまいません。とにかく入金に集中してください。

さあ、無事、契約書にサインをもらい、初期費用をちょうだいしました。ですが、まだミッション・コンプリートというわけではありません。先の章でも触れましたが、基本的にぼくは、入居者に「家賃保証会社」をつけてもらっています。万が一、家賃を支払わないまま入居者が消息不明になってしまった場合、保証会社が未払い家賃を肩代わりしてくれるからです。

ボロ戸建てに入居を希望する人のほとんどは、決して収入が多くはありませんから、ぼくら大家は夜逃げや家賃滞納リスクに人一倍気を遣う必要があります。しかし、保証会社はどんな入居者とも契約を交わすわけではありません。審査の申込書には、ほとんどの人が、正直に自分の就業状況や年収を書いてくれますが、職に就いていない人だったり、勤続年数が短すぎる人だったり、収入が安定していない自営業者、風俗で働いている人などは、容赦なく審査に落とされます。

そうした事情があるので、ボロ戸建て大家の場合はなるべく審査が〝おおらか〟な会社を選びましょう。保証会社は星の数ほどありますが、ぼくは、そのうち2社とお付き合いをしています。メインは「アーク賃貸保証」で、いざというときの備えが「フォーシーズ」です。

万が一、保証会社の審査に落ちてしまった場合は、仕方がないので、保証会社を使わずに「ストレート契約」を結ぶことになります。その際は、初期費用を多くもらうなり、半年から1年分ほどの家賃をまとめて支払ってもらうなど、トラブルが生じた場合を考慮して、入居者に適切な提案をしましょう。「あなたの信用状態はよくない。でもぼくはリスクを背負ってあなたに貸すから、あなたもこれに応えてほしい」と伝えれば、相手も思い当たるフシがあるので、応じてくれます。入居前にまとまったお金をいただくことで、夜逃げなどのリスクが軽減されるのは言うまでもありません。

ただし、ぼくが所有する25軒の物件のうち、ストレート契約の物件は2軒です。それくらいの比率なら、リスクを取ってもいいという判断をしているのです。

スペシャル特典②

●仲介業者に渡すふかぽん式自家製資料●

客付けの成功率を上げるためには、あなたの物件が不動産仲介業者の営業リストに入っている必要があります。そこでキーになるのが、彼らにFAXで送る、資料です。

左のページに載せているのが、ぼくが実際に不動産仲介業者に「FAXした自家製図面です。文字よりもビジュアル重視で、写真をふんだんに使っています。これがふかぽん式です。ぼくはこれをスマホだけで作っています。

作り方はめちゃくちゃ簡単です。まずは写真加工アプリ「Effectshop」を使い、複数の写真を一枚画にして、「Microsoft Word」（Excelでも可）に貼り付けます。次は図面作成アプリ「間取りTouch+」の出番です。これを使えば初心者でも、ものの20〜30分ほどで図面が作れます。作成した図面を「Word」に貼り付けて、文字情報を打ち込んで完成です。作業時間はおよそ1時間。スマホ版の「Word」は無料で使えるので、いっさいお金がかかりません。

スマホで図面を作成するメリットは、どこでも気軽に作業ができるという点に尽きます。手元にパソコンがないときや、腰を落ち着ける場所がなくても、問題ありません。コンビニのコピー機を使えばプリントもできます。

写真はなるべく明るく、きれいなものを、バランスよく配置してください。単調な列ができないように、色みが豊かな写真を分散させるといいでしょう。また、写真を撮る際は、傾いた構図にならないように、柱や扉などは必ず床に対して垂直になるように撮影してください。そうすれば、安定感のある構図の写真になります。

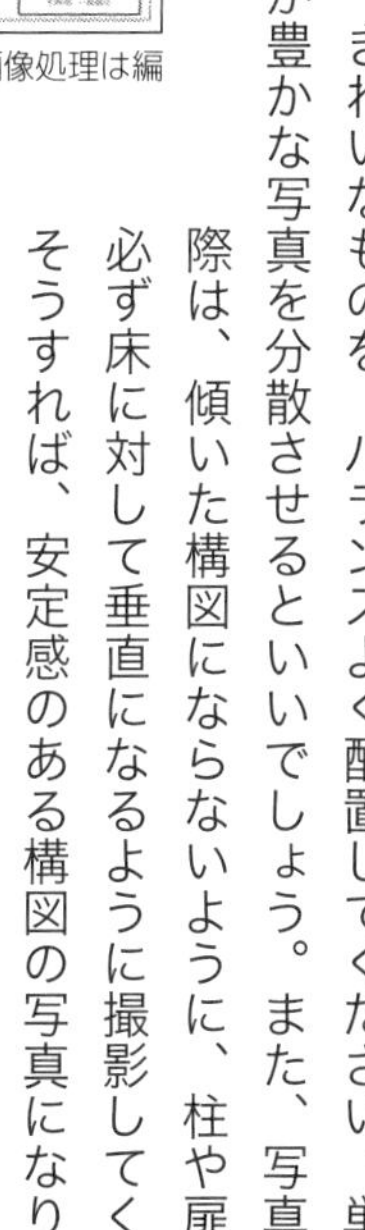

写真がメインとはいえ、文字情報も大事です。初期費用や物件のスペックは必ず載せてください。汲み取り式のVOTTONトイレなど、ボロ戸建てに付き物のネガティブなポイントも、包み隠さずに記載しましょう。せっかくお客さまが物件に興味を持ってくれたのに、土壇場で「聞いていたのと違う」などと契約の意思を撤回されたら、元も子もありません。

ふかぽん作成の資料（左上のQRコードなどの画像処理は編集部によるもの）

実際には物件をまだ見ていない不動産営業マンが、さも現地に行ってきたかのような臨場感溢れるセールストークを入居希望者さんにできるような資料。あるいは、たとえ不動産営業マンが口下手でも入居希望者さんに物件のよさが端的に伝わるような資料。それがぼくの考える図面の理想的な役割です。

物件の雰囲気を伝えるためには、動画も見てもらいましょう。サンプル図面の左上に注目してください。現住につきモザイク処理していますが、ここにはQRコードがあり、スマホのカメラで読み取ると、YouTubeのリンクに飛んで、物件の内覧動画が見られるようになっています。物件の動画を撮って、YouTubeにアップし、無料アプリでQRコードを発行して「Word」に貼り付けるだけ。誰でも簡単にできます。

こうしていくら手を尽くしても、客付けに苦戦するケースもあります。そういうときには図面をアレンジして、不動産仲介業者に送り直すのも手です。写真をごっそり入れ替えたり、大小のメリハリをつけるだけで、営業マンの目に留まる可能性があります。

より大胆なアレンジとしては、縦の図面を作る方法もあります。図面資料は横長が基本ですから、縦長の図面は否応なく目立ちます。営業マンに「なんだこの大家、業界のルールを知らないのか」と思わせて、手に取ってもらえたら作戦は成功。その図面が見やすく、雰囲気がよく伝わるものであれば、営業リストに入れてもらえます。

ただし、これはぼくも一度しか試したことのない荒業です。スルーされてしまうことも考慮して、横版の図面も時間差で送り、二段構えにしておくといいでしょう。いずれにせよ、募集して1カ月ほど動きがなければ、図面に手を加えて再度アタックを試みてください。

そしてとどめは手紙です。ぼくは「入居者募集のお願い」と題した、短い手紙も図面と一緒にFAXしています。あいさつの言葉が二言三言あるだけで、営業マンに誠意が伝わるからです。文末には動物のイラストを入れて、かわいさを演出するようにしています。愛嬌やかわいさを意識するのは、ジモティー募集のコツと同じです。

ぼくが知る限り、図面と一緒に手紙を添える大家は多くありません。手紙にイラストを載せる人となると、ほとんどいないと思います。たいていの大家の図面資料は、愛想のない、ぶっきらぼうなものですから、ひと手間加えるだけで、目立ちます。ぜひ創意あふれる図面を作成してみてください。

第5章

REPEAT〜
複利効果を
享受して
念願の専業大家に

妻と子ども2人、4人家族が家賃収入で生きていくためには7、8軒が必要

1軒のボロ戸建てを買い付けてリフォームし、無事に客付けを終えたとしても、安心しているヒマはありません。ボロ戸建て投資は、たった1軒では月に得られる家賃収入は5万円にも満たない場合がほとんどです。一刻も早くサラリーマン生活を抜け出して、自由な生活を手に入れたいならば、1軒目で立ち止まらず、2軒、3軒と物件を増やしていく必要があります。

ですが、これは口で言うほどは簡単なことではありません。「BUY」「REPAIR」「RENT」の流れを一回でも経験すれば、「REPEAT」するのはそんなに難しくないと考える人もいるでしょうが、現実は違います。

ぼくはボロ戸建て投資に参入した人をたくさん見てきました。挫折して、成功を見ないままやめてしまう人も少なくありません。そのような人たちは「BUY」「REPAIR」「RENT」はなんとかクリアしても、「REPEAT」のフェーズでつまずくパターンが多いのです。

最初の1軒目のリフォームには成功したものの、2軒目で今まで経験したことのない困難にぶちあたり、REPEATするのを諦めてしまった人。2、3軒目の客付けを終えたところで「遊びたい、贅沢したい欲」に負け、せっかくの家賃収入を遊びに費やし、いつまで経ってもリタイアできない人など、事情はさまざまですが、ぼくから言わせると、そのような人たちはボロ戸建て投資家として半人前もいいところ。

では、いっぱしのボロ戸建て大家になるためには、どのような条件を満たす必要があるのでしょうか。ぼくが考える、一人前のボロ戸建て投資家の定義はシンプルです。

家賃収入だけで家族を食べさせること。

これができれば、一人前のボロ戸建て投資家として胸を張っていいと思います。かくいうぼくも、「妻と2人の子どもを養えるだけの家賃収入を得る」のが、ボロ戸建て投資家としての当面の目標でした。これを達成するには、おおよそ7、8軒の物件が必要です。どのような根拠のもとに、7、8軒という数字を算出しているのか。詳しく見ていきましょう。

2021年に総務省が公表した家計調査によると、4人家族の一般的な食費、水道・光熱費、保険・医療費、交通費、通信費、教育費の合計は月に約19万円とされています。関東近郊で部屋を借りる場合、家賃は生活費の3割が適正とされますから、8万円ほどになります。

7軒の物件を所有し、そのすべてを底値に近い4万円で貸し付けた場合、単純計算で28万円の家賃収入が得られます。すべての物件が底値での客付けになる状況は現実的にはそうそうありませんから、30万円程度の家賃収入が毎月入ってくることになります。

一方、物件を維持管理するには、さまざまなランニングコストがかかりますので、それも考慮に入れる必要があります。

たとえば固定資産税は、物件を所有している限り毎年支払う義務があります。ぼくらボロ戸建て投資家が取り扱うメインの物件である、関東近郊の築30年以上の木造建築を例にとると、一軒につき年間3万~4万円ほどの金額です。7軒の物件を所有していれば、平均で年間およそ25万円ほどの出費になります。

他にも、ぼくは万が一に備えて、火災保険に加入しています。安いものでは年間1万円ほどで契約できるので、それを利用した場合、7軒だと年間7万円ほどのコストがかかります。

こうやって見ていくと、7軒あればギリギリやっていけることがわかると思います。ただし、この水準だと、入居者から物件の修繕依頼があった場合などの突発的な支出に対応できません。安心して大家経営を進めていくには、８軒は所有したいところです。

ちなみにぼくがサラリーマンを辞めた段階で、10軒の物件を所有し、そのうち7軒が客付け済みでした。家賃収入は32万円で、当時の給料と同じくらいでした。先輩大家からは、「その程度の家賃収入で、会社を辞めるのはリスキーでは!?」と驚かれましたが、ぼくはためらうことなくリタイアしました。当時、月々の生活費は18万~20円ほどに収まっており、客付け前のストック物件が3軒あったので、残りの物件を客付けできれば、家賃収入はさらに上がっていく確信があったからです。物件を購入する際に融資を受けていないため、ローン返済の必要がないのも、脱サラを後押しする重要なポイントでした。無借金経営の強みについては、この後の１６６ページで詳しく書きます。

これからボロ戸建て投資を始めようと思っている人は、家族を養うだけの家賃収入を得るという明確な目標を持って走りだしてください。

2 5軒目以降は家が家を買ってくれるような状態に

前のページでは、7、8軒のボロ戸建てを所有するようになれば、たとえ一軒あたりでは4万〜5万円の家賃収入だけれども、合計として家族を養えると書きました。

そして第1章では、ボロ戸建て投資を始めるには400万円のタネ銭が必要であり（22ページ）、一軒あたり100万円以下で仕入れてリフォーム費用は20万円までに抑えるべき（45ページ）だと説明しました。そして買い付けとDIY作業に慣れてきたら、物件購入費用とリフォーム代を合わせて100万円以下に抑え、5万円で客付けするのが理想的だとも書いています。

では、400万円を使って物件を増やすには、どう資金を回せばいいのでしょうか。

左ページに、資金繰りの表を載せています。話をわかりやすくするために、1〜4軒目の物件の購入費はそれぞれ100万円で、リフォーム代が20万円とします。また、5〜8軒目までの物件は、購入費とリフォーム代を合わせて100万円とします。そして各物件からあがってくる家賃は、毎月5万円、入居時の礼金は1カ月ぶんとします。

そして1号物件の客付けが済んで家賃と礼金が入ってきたら、翌月に次の2号物件を購入。3カ月後にはその物件から家賃と礼金が入ってくるとします。4号物件までは、このサイクルを繰り返します。一連の大家業に慣れてくるであろう5号物件以降は、購入から客付けまでのサイクルを2カ月間に短縮できると想定します。実際、ぼくはサラリーマン時代にボロ戸建て投資を始め、そこから2年半で10

期間	1号物件	2号物件	3号物件	4号物件	5号物件	6号物件	7号物件	8号物件	物件費用	手持ち現金	備考
0	0	0	0	0	0	0	0	0	0	400	
1	0	0	0	0	0	0	0	0	-120	280	1号購入とリフォーム
2	0	0	0	0	0	0	0	0	0	280	
3	0	0	0	0	0	0	0	0	0	280	
4	10	0	0	0	0	0	0	0	0	290	1号の初家賃と礼金
5	5	0	0	0	0	0	0	0	-120	175	2号購入とリフォーム
6	5	0	0	0	0	0	0	0	0	180	
7	5	0	0	0	0	0	0	0	0	185	
8	5	10	0	0	0	0	0	0	0	200	2号の初家賃と礼金
9	5	5	0	0	0	0	0	0	-120	90	3号購入とリフォーム
10	5	5	0	0	0	0	0	0	0	100	
11	5	5	0	0	0	0	0	0	0	110	
12	5	5	10	0	0	0	0	0	0	130	3号の初家賃と礼金
13	5	5	5	0	0	0	0	0	-120	25	4号購入とリフォーム
14	5	5	5	0	0	0	0	0	0	40	
15	5	5	5	0	0	0	0	0	0	55	
16	5	5	5	10	0	0	0	0	0	80	4号の初家賃と礼金
17	5	5	5	5	0	0	0	0	-100	0	5号購入とリフォーム
18	5	5	5	5	0	0	0	0	0	20	
19	5	5	5	5	10	0	0	0	0	50	5号の初家賃と礼金
20	5	5	5	5	5	0	0	0	-100	-25	6号購入とリフォーム
21	5	5	5	5	5	0	0	0	0	0	
22	5	5	5	5	5	10	0	0	0	35	6号の初家賃と礼金
23	5	5	5	5	5	5	0	0	-100	-35	7号購入とリフォーム
24	5	5	5	5	5	5	0	0	0	-5	
25	5	5	5	5	5	5	10	0	0	35	7号の初家賃と礼金
26	5	5	5	5	5	5	5	0	-100	-30	8号購入とリフォーム
27	5	5	5	5	5	5	5	0	0	5	
28	5	5	5	5	5	5	5	10	0	50	8号の初家賃と礼金

（単位：万円）

軒を購入。そのうち7軒を客付けしていましたから、妥当なペースだと思います。

では、表の右上から順に見ていきましょう。1カ月目に1号物件を買ってリフォームして貸し出し、4カ月目に初家賃と礼金が入ってきたので、手持ち現金は290万円になっています。そして表の右下までおりてくると、28カ月目に8号物件の初家賃と礼金が入り、手持ちの現金は50万円になっています。

基本的に、ボロ戸建て投資は、物件の数が増えれば増えるほど、ラクに資金が回せるようになります。ローンの返済がなく、家賃と礼金がそっくりそのままフトコロに入るため、「物件を増やす=収入が増える」というシンプルさが、ボロ戸建て投資の魅力なのです。

3軒目を所有する頃には、貸家が次の家のリフォーム代を出してくれるようになってきます。資金繰り表を見ると、13カ月目に4号物件を購入した段階で、手持ち現金は25万円になっています。もともとの資金が400万円なのに、120万円の物件を4軒買えているのは、1~3号物件の家賃と礼金が効いているからです。

そしてさらに買い増していき、所有が4軒を超えた頃には、戸建1軒のリフォームが仕上がるタイミングで、次の1軒を買えるくらいのまとまった金額が貯まっています。

言い換えると、5軒目以降の物件の購入費は、所有する物件から得た家賃によって多くをまかなえるようになります。ぼくはこれを、「家が家を買ってくれるような状態」と称しています。5号物件を買った17カ月目の資金繰り表を見ると、100万円の物件購入費のうち75万円を、他の物件の家賃と礼金でまかなっていることがわかります。

5軒目ともなると買い付けのコツが徐々にわかってくるため、投資家デビュー時よりもずっと安い価格で物件を購入できるようになります。また、リフォームに関しても、経験を積んで要領を覚えることによって、コストをかけるべきところと、そうではないところがわかってくるため、修繕にかかる費用も抑えられます。物件を多く所有し、家賃収入が増えれば増えるほど、経験が蓄積されることによって、出ていくお金が減っていく好循環が生まれるというわけです。

「家が家を買ってくれる状態」とは、この流れを加速させることによって実現するものに他なりません。ぼくの経験上、5軒目くらいから、徐々にこの流れが確立できるようになります。専門用語を使って言い直すと、「ボロ戸建て投資は5軒目までが勝負。それ以降は複利効果で運用していける」となります。複利効果とは、運用で得た利益を再投資することで、利息が利息を生んでいく、という意味です。

3 200万円の1軒より50万円の4軒のほうがいい

ここまで本書を読み進めてきた人であれば、ボロ戸建て投資においては、「物件を増やすことが成功への道」であることがおわかりになったかと思います。ここではさらにダメ押しとして、1軒の戸建てを200万円で仕入れて運用するよりも、50万円で4軒の戸建てを買ったほうがあらゆる点でメリットが大きいことを説明します。

たとえば200万円の物件を都心から離れた関東エリアに購入した場合、得られる家賃は現実的に考えて、6万円がいいところです。ぼくらボロ戸建て投資家からすれば、「200万円の戸建て」と聞くと、反射的に「高い！　高すぎる！」と拒否反応が出てしまいますが、世間一般の基準からすれば、「200万円の戸建て」は、最下層に位置する〝トンデモ物件〟です。6万円も得られれば万々歳でしょう。

かたや、50万円のボロ戸建てを4軒運用する場合、14ページで詳しく解説したとおり、家賃には底値があるため、一軒につきどんなに低く見積もっても、3万円は得られます。そうなると、順当に客付けができれば、月に3万円×4軒＝12万円の家賃収入が得られるため、

200万円の戸建てを貸し出すケースの2倍です。

200万円の物件を6万円で貸し出すケースでは、投資金額を回収するには、34カ月（およそ3年）かかりますが、50万円の戸建て4軒を3万円で貸し出す場合、17カ月（およそ1年半）しか要しません。しかも、何度も言うように家賃3万円という数字は、限りなく悲観的に見積もった数字なので、実際には1年以内に投下資本を回収するのも決して難しいことではないのです。

もちろん、4軒の物件を買い付ける場合、リフォームコストや客付けの手間も4倍になりますが、それを差し引いたとしても、200万円のボロ戸建てを1軒運用するのに比べ、1・5倍は割がいいと思います。

読者の中には、「物件を増やしすぎると、管理が大変なのではないか？」と心配する人がいるかもしれません。大丈夫です。先に触れたように、実際にぼくはサラリーマン時代でも、10軒の戸建てを所有し、そのうち7軒には入居者がいましたが、余裕で回していました。

大家業を始めるにあたって、不動産管理会社の利用を考える人がいるかもしれません。しかし、ぼくはおすすめしません。物件はすべて自主管理。これがふかぽん流です。

不動産管理会社は、建物のメンテナンスから入居者のクレーム対応にいたるまで、賃貸管理にまつわるさまざまな業務を請け負うことで手間賃を得ています。一般的な管理手数料は家賃の5％です。

たしかに集合住宅の場合は共有スペースの掃除やら、隣人トラブルへの対応など、物件が増えるほどに、大家の負担は重くなります。その点、戸建ての場合は共有スペースがなく、隣人トラブルも発生しないので、とりあえず貸してしまえば、たまに修繕依頼の連絡があるくらいで、管理にかかる手間はほとんど発生しません。めちゃくちゃラクです。

ボロ戸建て大家の、物件管理におけるメインのミッションは建物の修繕対応です。ですが、管理会社は、そこではまったく力になってくれません。

たとえば、とある物件で水道から水漏れが発生した場合、ほとんどの管理会社は入居者からの問い合わせを受けると、その内容を大家に伝えて対応を求めます。もしここで「わからないので、管理会社さんのほうでやってください」と頼めば、水道業者を手配してくれます。その場合、修理業者に支払う費用に管理会社に払う手数料が乗ってきます。大家みずから修理業者に依頼すれば、管理会社への手数料がかからないのは言うまでもありません。もっと言うと、自分で修繕すればコストは微々たるものです。

不動産業界に初めて足を踏み入れる人は、管理会社と契約していればなにかと便利だと思いがちですが、内容によっては、手数料ばかりとられてメリットはほとんどありません。「自主管理一択」がぼくの考えです。とはいえ、一人の大家が管理できる物件数には限界があります。ぼくの体感では、20～30軒は余裕です。しかし、所有物件が50軒にもなると、入退去や更新手続きが頻繁に生じ、事務仕事に追われることになります。

慣れているぼくでも、おそらく150軒くらいが限界だと思います。そこを超えると、ほぼ連日、入居、退居、更新、クレームや問い合わせが入る状況になります。これらすべてに対応するとなると、不動産会社を経営しているのと変わらない状態になります。

ともあれ、あくまでも目安ではありますが、保有物件が50軒を超えたら物件を売却して資産を組み替え、一軒あたりの家賃単価を上げるなど、家賃総額をキープしながら、管理の手間を減らすのも手です。あるいは、管理業務の一部を他人に任せるのもアリです。もっと言うと、株式や債券などのペーパーアセットに移行してもいい。自分のキャパシティを踏まえて、限界だと思ったら、臨機応変に作戦を切り替えてください。

借金してまで物件を増やさない、これだけの理由

現在ぼくは25軒の物件を所有し、家賃収入だけで毎年1000万円以上を得ています。銀行からの融資は一切受けておらず、月々のローン返済がないため、家賃収入は丸ごとフトコロに入ってきます。ここでは、ぼくが不動産投資デビュー以来、レバレッジをかけない、ノンレバ経営を続けている理由について解説します。

これから初めて不動産投資に挑戦する人にとっては、「レバレッジ」とか「ノンレバ」というワードは聴き慣れないのではないでしょうか。

「レバレッジ」の意味は、「テコの原理」です。小さな力を加えただけなのに、テコを使えば大きなものを動かせる仕組みです。皆さんは小学校で習っていると思います。

不動産投資において「レバレッジをかける」、あるいは「レバレッジを効かせる」といった場合、自己資金に加え、銀行から融資を受けることによって、自己資金では手が届かなかった、よりグレードの高い物件を購入し、そのぶん大きな利益を得ることを意味します。

逆にノーレバレッジ、略して「ノンレバ」とは、銀行からの融資を受けずに、自己資金だけで物件を購入し、運営していくことを指します。

たとえば、1000万円の自己資金で1000万円の戸建てを購入し、10万円で貸し出した場合、年間の家賃収入は120万円です。一方、1000万円の自己資金とローンで得た4000万円を合わせて、5000万円の6部屋アパートを購入した場合、一部屋8万円で貸し出せば、年間の家賃収入は576万円。2%を切る低金利で借りたとすると、ローンの返済は毎年160万円ほどですから、手元に残る金額はノンレバの場合に比べて、はるかに多くなります。これが俗にいう「レバレッジ効果」です。

レバレッジの活用は不動産投資の定石だと見なされているフシがありますが、ぼくらのミッションであるボロ戸建て投資にはあまり縁がない方法です。

銀行が不動産投資家にお金を貸すにあたり、もっとも心配するのが、お金をちゃんと返済してくれるかどうかです。当たり前ですよね。

そこで、銀行マンはお金を貸すにあたって、この不動産投資家は借りたお金で、どんな物件を買うのかを重視します。彼らの中の常識ではあきらかに利益が見込めないような物件を購入すると知っていたら、ハナから融資をしないというわけです。

銀行マンは不動産のことはロクに知りませんから、ボロ戸建て投資家が取り扱っているような物件は、文字どおり「ゴミ」だと判断します。そして、あろうことか「こんなボロ物件に人は住まない。他のまともな物件を買うのなら融資してもいい」と口出しをしてきます。

実際はこんな露骨な言葉は使わないでしょうが、ローンを組んでボロ戸建てを購入しようとすると、銀行マンに難色を示される可能性がきわめて大です。どんなに気に入った物件と出会ったとしても、銀行融資がつかなければ、諦めざるをえません。誰かの指図を受けたくないからサラリーマンを辞めようとしているのに、これでは本末転倒でしょう。

そもそも、ボロ戸建て投資家というのは、ほとんどの人が住みたがらない物件をあえて買って貸し出すことで、利益を得ています。一般的な基準だと価値がつかないけど、必要とする人はいるという、いわば、市場の歪みを利用しているわけです。「この物件は変だからやめろ」という銀行の圧力は、「利益の源を捨てろ」と言っているのと同じです。

そしてもうひとつ、ビジネス思想上の問題ですが、ぼくは投資を続けるにあたっては、関わる人の数をできるだけ少なくして、シンプルにするのが大事だと思っています。

たしかに、レバレッジをかければ、自己資金ではまかなえない物件を買って、そのぶん高い家賃が得られるかもしれませんが、それが効率的なのかどうかは別問題です。ビジネスはなんでもそうですが、需要者と供給者のあいだに、人なり会社なりが介在すればするほど、手数料がかかり、供給者の利益は減るのです。「みんなで大きな利益を分割する」のが定石なら、「シンプルに一人で少ない利益」でいいだろう。というのがぼくの思考回路です。

つまり融資を受けて返済のコストを負っている不動産投資家は、赤の他人の儲けぶんも払っているということです。リフォーム作業をはじめ、何もかも大家が自分でこなすことで資金が外に流出しないようにし、利回りを高めるのがボロ戸建て投資ですから、レバレッジ経営とは相いれない発想だと思います。

ボロ戸建て投資はきわめてシンプルです。「売りたい人、買って貸したい人、借りたい人」の三者ですべてが完了します。これこそ、ぼくがノンレバ経営を好むいちばんの理由です。

5 内覧なしのノールック買い付けの超スピードでライバルを蹴落とす

多くの物件を所有し、ボロ戸建て投資のコツがわかってくると、わざわざ物件を内覧しなくても、ネットの情報だけで買い付けを入れられるようになります。ぼくはこれを「ノールック買い付け」と呼んでいます。

これができると、だんぜん有利です。平日はサラリーマンをしていると、即座に内覧に行けずもどかしい思いをすることがあります。しかし「ノールック買い付け」を駆使すれば、ライバルを出し抜いて、サクッと好い物件をゲットできます。

ぼくが最初にノールックで物件を買ったのは、7軒目でした。サラリーマン時代のお昼休みに、電話で買い付けを入れました。隣にいた同僚が、すごく驚いたのをよく覚えています。

「ちょっと待って、今、何を買ったの？」

「家、買った」

「え、家って電話で買うもんなの!?」

「ノールック買い付け」と聞くと、読者の皆さんは破天荒な方法に思われるかもしれません。実際ぼくも、最初にチャレンジしたときは、ものすごく恐怖がありました。苦労して貯めたお金を、得体の知れない物件に注ぎ込んで、損をするリスクを考えると、足のすくむ思いでした。しかし、ちゃんとぼくなりに根拠を持って買い付けを入れています。ここでは、ネットの情報のみで、即座に購入判断をくだす方法について説明します。

まず、ネットにアップされている情報は一語一句、すみずみまで確認する必要があります。場所はどこなのか、ライフラインはどうなっているのか、とにかくすべての情報をキッチリ読み込んでください。

立地に関しては、近くに人が住んでいるかどうかを調べます。近隣に人間が住んでいなければ、大家業は成立しません。よって、人里離れた山奥などはさすがに厳しいので避けてください。

また、物件の近くに、スーパー、病院、学校、交番、役場、コンビニがあるのかどうかも調べます。ぼくがこのうちとりわけ重視するのは、コンビニです。

コンビニチェーンが出店する際には、どのくらいお客が来てくれるか、かなり綿密に調べています。彼らは利益が見込めないエリアには出店しないと言われています。したがって、ざっくりとですが、コンビニが徒歩圏内にあれば、立地的には合格基準を満たしているとみなしていいでしょう。

次にグーグルマップのストリートビューで物件の外観をチェックします。「ノールック買い付け」においては、グーグルマップの活用が欠かせません。外観写真から得られる情報はたくさんあります。

物件の外観からは、ライフラインの状況も把握できます。物件から煙突が出ていれば、ガスを使って沸かすタイプのバランス釜のお風呂だったり、キッチンの給湯器が古い場合があります。また、外付けのポンプがあれば、水の供給は公営水道ではなく、井戸水である可能性が濃厚です。井戸水の場合、井戸の朽ち果て具合によっては、多額の修繕コストがかかります。よって、外にポンプがある物件に関しては、ノールックで買い付けるのは避けて、慎重に進めたほうが無難です。

他にもチェックポイントはあります。臭突管が備わっている物件は、VOTTON式トイレの可能性があり、ガスボンベがあれば、都市ガスではなくプロパンガスだと一目でわかります。航空写真をチェックして、屋根に異常がないかも確認してください。中古の格安物件は雨漏りしている確率が高いので、要注意です。

物件によっては、建物により三方が囲まれているなど、ストリートビューでは満足に外観チェックができない物件もあります。この場合は、不動産会社に電話をかけて、最低限確認すべきところを聞き出してください。電話での問い合わせについては、54～55ページで詳しく解説しています。

「ノールック買い付け」から得られるメリットはとてつもなく大きいです。ネットにアップされてすぐの物件を、ほんの数分で判断して、買い付けが入れられたら、「絶好球」はあなた一人のもの。「ノールック買い付け」が上手になればなるほど、より早く、より豊かになれると断言してもいいくらいです（不動産屋さんの中にはノールック買い付け禁止の業者さんも多いので、ちゃんと相談して進めてください）。

とはいえノールックで物件を買って、実際に足を運んだら、聞いていた話とまったく違っているケースもありえます。そういうときに円滑にキャンセルできるように、ぼくは自分流にカスタムした買付証明書を使っています。次ページで紹介するので参考にしてください。

スペシャル特典③

ふかぽんの買付証明書ひな型

ノールックで購入した物件を見に行ったときに、想定外の欠陥が見つかることはあり得ることです。具体的には、「事故物件だったのにネットには記載がなかった」「実際に足を運んでみると、屋根が吹き飛んで雨漏りしていた」といったようなケースです。

前ページでは、このような事態が発生したときのため、ぼくはスムーズに買い付けが撤回できるよう、買付証明書にアレンジを加えていると説明しました。左のページに載せているのが、ぼくが実際に使用している「不動産買付証明書」です。

書面下部の「売主様より告知のない事項や瑕疵がある場合、買付を撤回致します」という文言に注目してください。不動産業界でよく使われている基本的なフォーマットに、これはありません。ぼくが付け加えた部分です。

実のところ、買付証明書は契約書とは異なり、あくまでも物件の交渉権を優先的に得るための書類にすぎません。買付証明書に法的な拘束力はなく、「やっぱり買うのやめた」とばかり、気分で撤回したとしても、法的責任を問われる心配はないのです。

とはいえ、購入の意思を示したのに、コロッと話をひっくり返したら、売り主や不動産業者は、いい気はしません。狭い世界ですから、悪い評判が立って今後のビジネスに差し支えるかもしれません。それを避けるためにも、気分ではなく理屈で買付証明書を撤回しているというスタイルを示しておく必要があります。

不動産買付証明書

年　月　日

売主殿

住所

氏名　　　　印

電話番号

下記表示の不動産を以下の条件にて買い付けることを証明致します。

記

物件所在地 ＿＿＿＿＿＿

土地／建物面積 　㎡／　㎡

価格 　万円

支払い方法 ＿＿＿＿＿＿

※売主様より告知のない事項や瑕疵がある場合、買付を撤回致します。

そこで、買付証明書に先ほどのような文言を入れておけば、想定外の欠陥が見つかった場合、「話が違う」という理由で撤回の意思を示せるのです。ただし、そう何度も使える手ではないし、使ってほしくないので、買付証明書を入れるときは、本気で買うつもりで臨んでください。

先に客付けをして初期費用で物件を購入する

ここまで、ボロ戸建て投資を成功に導く「BRRRの法則」にのっとって、具体的な手順を説明してきました。「BUY」「REPAIR」「RENT」「REPEAT」の順番どおりに作業を進めるのが基本ではありますが、上級者になると、「BRRRの法則」にアレンジを利かせられるようになります。

「BUY」と「REPAIR」、つまり物件の買い付けと修繕よりも先に、客付け（RENT）をして、契約時に受け取った初期費用で物件を購入する方法もあるんです。

物件の購入よりも先に客付けを完了することで得られるメリットは、いくつかあります。

物件を買うとき、物件を直しているとき、大家の心配は、「お客さまがちゃんと付くだろうか」という一点に尽きます。どんなに頑張っていい物件を買って、一生懸命リフォームしても、利益に結びつかなければ意味がありません。しかし、先に客付けができた場合、家賃収入が確定しているわけですから、損をするリスクに脅える必要はありません。

またこの場合、お客さまは修繕前の物件であることを承知で、賃貸契約を希望するため、リフォームを一切せずとも貸し出すことができます。そのため、物件から得られる利回りが爆発的に高くなるのは言うまでもないでしょう。

では、「BUY」と「REPAIR」を飛ばして、先に「RENT」する具体的な方法をお教えします。

物件を買う意思を固めて、買付証明を不動産業者に提出してから、実際の契約まではおよそ1〜3週間を要するのが一般的です。

なぜ、こんなに時間がかかるのか。不動産の売買契約には、売り主、不動産元付け業者、買い主の三者が集まる必要があるのですが、ぼくの経験上、売り主の大半は平日の昼間は働いており、体があいているのは土日のみというケースがほとんど。そのため契約の日取りは土日に限定され、売り主、不動産元付け業者、買い主の三者の予定がなかなか合わず、契約日が後ろにズレていくというわけです。

2週間もあれば、本来ならリフォームを終えて、貸し出せる状態にまで物件は仕上がっています。ぼくからすると、このタイムロスは非常にもったいない。完全にムダな時間です。

そこでぼくは、不動産業者に買付証明書を送り、それが通ったなら、契約日を待たずに、入居者募集の手続きを開始しています。この場合、主力になるのがジモティーと現地募集です。

事前に募集をかける場合は、不動産元付け業者への連絡が必要です。売り主と確認をとった上で募集を出したり、現地に入居者募集の看板を立てるようにしてください。そうしないと、トラブルに発展するリスクがあります。なんせ、まだ他人の所有物ですからね。

ジモティーの場合も同じです。買付証明書を入れて、それが通って、売り主さんの許可が出れば、即座に物件情報をアップして、入居者を募りましょう。この場合、載せる画像は、内覧時に撮影した内装の様子や、外観写真になります。掲載する際には、「リフォーム前の物件です。現状でよければ、○○円でお貸しします」といった文言を必ず付記してください。「お得感」を出すと、決まりやすくなります。

ボロ戸建て投資のコツがつかめてくると、内覧なしの「ノールック買い付け」ができるようになることを、先のページで説明しました。それと同じように、世の中には、自分がこれから住む物件の中身をいっさい見ずに賃貸契約を申し込む、「ノールック賃借」をする人たちがいます。読者の皆さんの感覚ではありえないでしょうが、住居に対する価値観は人によって異なります。決めるのは入居者さんたちです。自分と同じに考えてはいけません。

「BUY」や「REPAIR」に先駆けて「RENT」に力を入れると、このような、住居に対しておおらかな人たちからの申し込みが狙えるのです。

ぼくは実際、これまで3軒ほどの物件を、購入前に客付けを終え、リフォームなしで貸し出しています。中には、4万5000円で買付証明書を出した物件を、売買契約を締結する前に、3万8000円の家賃で客付けしたケースもありました。礼金2カ月分に加えて初月家賃として11万4000円を受け取ったので、この初期費用で物件を購入して、さらにお釣りがくるという、大家サイドとしては非常にうれしい取引です。

通常の不動産投資ではありえないことですが、こうしたやり方は再現性がある話です。買い付けと客付けの力を高めることによって、超ローリスク・超ハイリターンな取引が十分に可能になることを覚えておいてください。

7 儲かっても生活水準を上げたら凡人で終わり

ボロ戸建て投資が軌道に乗ってくると、だいたい7～8軒ほどの物件を客付けした時点で、家族4人を十分に養えるくらいの家賃収入が入ってきます。銀行からの融資も受けておらず、借金の返済にあくせくする必要がありませんから、心置きなく脱サラして、自由な生活が享受できます。

好きな時間に起きて、好きな人たちと過ごし、好きなことをする。誰にも支配されることのない暮らしが実現すると、ほとんどの人は自分がお金持ちになったと勘違いします。そしてそれにふさわしい生活をしようと、生活水準を上げてしまいます。

はっきり言います。生活水準を上げたらそれまで。あなたは凡人で終わりです。

当たり前ですが、月々の家賃収入が100万円あったとしても、入ってきた分だけ使ってしまえば、資産は増えません。資産は収入と支出の差からしか生まれません。資産がなければ、あなたは一生貧乏のままです。いつまで経っても裕福にはなれません。実入りを増やしつつ、これまでの生活水準をキープし、収入と支出にギャップを生み出すことで、お金は貯まっていきます。

お金を稼ぐようになると、貧乏だった当時に比べて、お金に対する価値観が変わってしまう人がいます。極端な例でいうと、貧乏だった頃はノドから手が出るほど欲しかったはずの壱万円札が、億万長者になるとただの紙切れにしか見えなくなる、というわけです。

ぼくは今まで、収入が増えるほど、お金の扱いがぞんざいになっていく知人や友人の姿をたくさん見てきました。そしてそういう人ほど、稼いだ分だけ使ってしまうので、身なりはブランド品などで着飾っているためゴージャスに見えますが、実際には日々の生活に汲々としています。つまり、凡人と変わりません。

ぼくはボロ戸建て大家として経済的自由をつかんだ現在でも、生活水準はほとんど変わっていません。節約のために、今も変わらず高速道路ではなく下道を使い、ブランド品にも惑わされず、自分が納得したものしか買いません。

もちろん、苦労して家賃収入だけで食べられるようになり、手に入るお金の額が増えたなら、頑張った自分へのご褒美という名目で、たまには贅沢をしたいと思うでしょう。その気持ちはわかりますし、それはぼくも止めません。ぼくも大家業が安定してからは、自分へのご褒美として、2つのことを自分に許すようにしています。

一つ目は旅行です。脱サラして時間も自由になり、家族と日本半周に出掛けたりしました。家賃収入だけでラクに生計が立てられるようになってから、ようやく旅行を解禁したわけですが、ただ何も考えずに旅行をして、散財するだけでは芸がありません。

近年は、ありがたいことに、ボロ戸建て投資の必勝法を教えてほしいという要望をいただいて、地方でセミナーを開く機会も増えました。ぼくは、講演などの仕事で地方に足を運ぶ際には、旅行を兼ねるようにしています。趣味と実益を兼ねるとはこのことです。

また、リタイアしてしまえば、旅行にかかるコストも低く抑えられます。会社員のまとまった休みといえば、お盆や年末、ゴールデンウィークが定番ですが、そんな時期は飛行機代も高く、旅費を低く抑えるのは難しい。リタイア後ならば、安い閑散期を見計らって旅に行けるので、より低コストで、人混みを避け、快適に楽しめます。これはリタイアした人のみが味わえる、特権の一つかもしれません。

二つ目はクルマです。ぼくは昔からアメ車が大好きですが、駆け出し当時は、アメ車一台を買う値段で、ボロ戸建てが何軒買えるのかと自分に言い聞かせて永遠に我慢し続けました。そして大家として成功し、経済的自由になってから、ずっと欲しかったハマーを購入しました。

贅沢したら凡人だと言ってるのに、高級車を買うとは何事だとツッコミが入りそうなところですが、ぼくは、高価なものを買うなと言いたいわけではないのです。高いお金を払ってでも、自分のモチベーションやパフォーマンスを高めてくれるものであれば、絶対に買うべきです。ぼくにとってはクルマがそれにあたります。

つまり「金持ちだったらみんな持っているから」とか、「持っているとなんとなくカッコいいから」という理由で、数十万円もするブランドものの高級財布を買うのは愚かですが、それを身に着けることによって、仕事に向ける意欲や、向上心が爆上がりするのであればOKです。

大切なことは、何事にも投資家目線で考えるということです。体験や商品にお金を支払うことで、そのリターンとして、みずからのパフォーマンスはどのくらい上がるのか。リターンが見合うようだったらお金を払うべきだし、見合わないようだったら買うのは控える。これを常に意識すると、あなたの身にならない、ムダな散財はしなくなるはずです。

スペシャル特典④

●ふかぽん流トラブル対処法●

「近隣トラブル」「夜逃げ」「火災」「入居者の死亡」などなど……。これらの災難は大家につきものです。言うまでもなく、所有物件が増えれば増えるほど、トラブルに見舞われる確率は上がります。

しかし、だからといってビビっていては大家業が務まりません。ここでは、大家を長く続けていれば誰もが一度は経験する、入居者トラブルへの対処法と心得を、ぼくのリアルな経験に即してお教えします。

ぼくは以前、お客さまから「近所の変な人が毎日叫び散らし、外でクルマなどで暴れているから、退去したい」というクレームをもらったことがあります。ぶっちゃけ警察の管轄ですが、警察は何か具体的な事件にならないと、なかなか動いてくれません。だからそのときは、客付け前の所有物件があったので、「それなら、ぼくが所有している他の物件に引っ越しますか？」と提案しました。入居者さんに別の物件へ移り住んでもらえれば、プラマイゼロです。もし客付け前の物件を持っている人は、このような案内をしてあげるといいでしょう。

ちなみにこのときは、「検討します」という返事をいただいてからとくに連絡がなく、そのお客さまは今もぼくの物件に住んでくれています。おそらく、悩みのタネだった近隣住民がいなくなったのでしょう。ぼくとしては、お客さまを助けてあげたいという一心で、右のような提案をしたのですが、それが期せずして時間稼ぎのような役割を果たし、トラブルが自然消滅したかたちになりました。

このように、近隣トラブルは時間が解決することもありますが、逆に、ほったらかしにして被害が拡大する場合もあるので、見極めは肝心です。たとえば、隣家から所有物件にクレームが入った場合は、すぐに対応してください。高圧的な態度で文句をぶつけてくる人もいるので、その際は怯まずに、毅然として向き合うことが大切です。つけ込まれる可能性をつぶし、今後のトラブル予防にもなります。

ぼくはこれまで、夜逃げによる被害に何度も遭っています。入居者の夜逃げで、大家が被るもっとも大きな面倒は、残置物です。残置物とは、入居者が部屋に残した家具などのことを指します。夜逃げした住人が放置していったものとはいえ、勝手に捨てたり売却したりすると、のちのち賠償請求される可能性があるので、注意してください。

夜逃げのときに活躍してくれるのが、家賃保証会社です。ぼくが契約している保証会社は、夜逃げの報せを受けると、入居者に契約解除を知らせる書類と、期日以内に連絡してこなければ、残置物は撤去するという趣旨の通知を作成し、入居者宛て、つまりもぬけの殻となった物件に送ってくれます。当然、返事はありませんから、期日が過ぎてから裁判所の強制執行手続きを経て、残置物撤去に移ります。

量にもよりますが、清掃業者を使う場合、残置物の撤去にかかる費用は、一部屋あたりおよそ3万~6万円とされています。保証会社によっては、未払い家賃の支払いに加え、残置物撤去費用も負担してくれます。会社によっては、全額保証ではなく、家賃数カ月ぶんだけを負担し、足が出たぶんは大家が支払うというケースもあるので、覚えておいてください。いずれにせよ、夜逃げの際の対応や保証内容は各保証会社によって異なるので、契約するときには、その辺もしっかり確認しておくといいでしょう。

ぼくは今のところ、所有物件が火災の被害に遭った経験はありませんが、正直なところさほど怖がっていません。火災保険に加入していれば、物件が火事で焼失した場合は、損壊の程度にもよりますが、保険金である再調達価額が支払われるからです。再調達価額とは、物件を建て直すのにかかるであろう総費用のことです。

たとえば、50万円で買い付けたボロ戸建てが火事で焼失した場合、再調達価額はだいたい低く見積もっても、２００万～３００万円。不謹慎を承知で言うと、仮にぼくの物件がすべて燃え尽くしたら、あっという間に資産規模は４倍くらいになります。ボロ戸建て投資の大家は、火災トラブルを過度に怖がる必要はないということです。

長く大家を続けていると、入居者が契約中に死亡するケースにも出くわします。身寄りのない単身者が、物件の敷地内で亡くなるケースです。ぼくは入居条件に年齢制限を設けておらず、ご高齢の単身者にも物件を貸しています。今のところは経験ないですが、入居者の孤独死は心配のタネです。しかし、火災の場合と同様、このケースも保険会社を利用することで、リスクヘッジができます。

高齢化が進んでいる昨今、大家向けの孤独死保険は充実しています。保険によっては、事故対応の費用や原状回復費用に加え、事故の影響で見込まれる家賃の損失もカバーしてくれるので、お年を召した入居者を迎え入れる際は、利用するといいでしょう。

あとがき

最後まで読んでいただきましてありがとうございます。

「本を書きたい！」と、ふと、ある日、紙に書きました。そうしたらなんとその日のうちに出版社さんからお声がかかり、この本を出版できる機会に恵まれ現在に至ります。恐ろしいほどラッキーなぼくです。本当にありがとうございます。

この本の内容が少しでも皆さまの人生の助けになると幸いです。ボロ戸建て投資においては、コツコツ頑張ることが重要です。そして自分のやったことを毎日見直し、改善していく過程がいちばん大切だと思います。毎日当たり前のことをコツコツ積み重ねていくと、やがてとんでもない先まで行くことができます。コツコツは最強です。

そして、あなたが目標を目指すにあたり、周りの人の言うことに耳を傾けてはダメです！必ずあなたの進みたい道の先にいる人に、アドバイスをもらってください。外野はロクなことを言いません。シカトでいきましょう。一度っきりの自分の人生、好きなように生きていいんです。誰の支配も受けないでください。付き合いたい人と付き合い、そうじゃない人は全員避ける、やりたいことだけをやり、やりたくないことは極力やらない！　そう、子どもの頃の素直な気持ちでいいんです。

社会に出たあなたには、「社会は甘くない」「そんなことは無理」「できない」などの、くだらない言葉がぶつけられてきたことでしょう。そんな言葉に押しつぶされ、萎縮し、いつしか「自分はここまでの人間だ」と自分で自分のリミットを決めつけてはいませんか。

そんなことないんです！　あなたの可能性は無限大なんです！　自分の最高の能力にフタをしてるのはあなたです！　そんなくだらないフタはぶっ壊してください。自信がないなら「俺ならやれる、俺ならできる」「I KNOW I CAN」と、毎日つぶやいてください。言葉が変われば未来が変わります。

誰かが築いたこの資本主義社会というゲームから抜け出さなきゃ、自由の道には進めないようになってます。そのためにはゲームの抜け方を知らなきゃいけない。必ずどのゲームにも「勝ちパターン」というものがあります。不利なゲームもあるし、有利なゲームもある。あなたが参戦しようとするゲームがなんであれ、よく考えて参戦してください。

人間の中でいちばん大変でいちばん崇高な仕事は、「考える」ということです。考えない人間はいつの時代も搾取の対象になります。ぜひ、ふだんから何事も深く考えるようにしてみてください。ぼくも少しでも成功者に近づきたいので、毎日ひたすら考えています。考え続けると道が開ける瞬間があります。ぜひ自分で道を開拓してください。そして、ぼくにも教えてください。

知識をインプットしたら、アウトプットしてください。そこまで行って初めて自分のものになります。学んだら即行動！　もしあなたが即行動しないなら、この本は意味がないので、投げ捨てて燃やしてください（燃やした動画は必ずＹｏｕＴｕｂｅに上げること！）

そして失敗を恐れないでください。失敗など怖くありません。「この方法だと成功しないということがわかった」のだから、収穫アリなのです。「いやいや、そんなポジティブ思考は、ふかぽんだからだろ」と言いたいと思いますが、安心してください。ぼくもみんなと同じ人間です。みんなにもできます。

知識を入れて、考えて、行動する。舞台は、ボロ戸建て投資に限る必要はないし、ぼくもそれだけをおすすめする気はありません。各自が得意なゲームで成功してください。それを誰よりも突き抜けて実行すればいいんです。そして絶対に諦めないで前に進んでいきましょう。

こんなぼくに関わってくれた皆さま、本当に感謝しかないです。いつも支えてくれてるフォロワーの皆さま、ＦＦＣ（ふかぽん不動産カレッジ）のみんな、編集でお世話になった清談社、扶桑社の皆さま、いつもありがとうございます。

お父、お母、産んでくれてありがとう！　いつも助けてくれてありがとう！　２人のおかげでここまでこれたよ！　息子たち！　君たちはパパの生き甲斐です。健康に成長し、そしてパパを超えて、立派な人間になってね！

そして、半生を共にする妻・みの、いつも本当にありがとう。みのが育児、家事を頑張ってくれたから、俺はフルで仕事をすることができました。本当に助かった。今までいろいろ我慢させまくってごめん！　みのの笑顔があったから頑張れた。大好きだよ！

最後に、読者の皆さま！　本当に本当にありがとうございました！　みんなの投資がうまく行きますように！　ありがとうございましたー！

また生まれ変わっても、この人生がいい！

２０２１年11月吉日　「為せば成る!!」　byふかぽん

ヤンチャ大家が教える
「最強ボロ戸建て投資術」

本文DTP　小田光美
カバーデザイン　ダブリューデザイン
構成　山田剛志(清談社)
編集協力　野中ツトム(清談社)
編集　遠藤修哉(扶桑社)
オビ写真撮影　渡辺秀之
校閲　小西義之

2021年11月29日　初版第1刷発行
2023年 7 月30日　第2刷発行

著者　ふかぽん

発行者　小池英彦
発行所　株式会社 扶桑社
〒105-8070
東京都港区芝浦1-1-1 浜松町ビルディング
電話　03-6368-8875(編集)
03-6368-8891(郵便室)
www.fusosha.co.jp

印刷・製本　中央精版印刷株式会社

ISBN 978-4-594-09012-8